T0157704

Printed in the United States
By Bookmasters

# المدرســة المتعلمــة

## مدرسة المستقبل

الدكتور هاني عبد الرحمن الطويل

أستاذ الإدارة التربوية

الجامعة الأردنية

الدكتور صالح أحمد أمين عبابنة

دكتوراه إدارة تربوية

من / الجامعة الأردنية

دار وائل للنشر

الطبعة الأولى

2008

رقم الايداع لدى دائرة المكتبة الوطنية : (2008/4/1195)

الطويل ، هاني

المدرسة المتعلمة : مدرسة المستقبل / هاني عبد الرحمن الطويـل، صالح احمـد امين عبابنـة . - عـمان ، دار وائـل ، 2008

(201) ص ر.إ. : (2008/4/1195)

الواصفات: الادارة التربوية / المدارس

* تم إعداد بيانات الفهرسة والتصنيف الأولية من قبل دائرة المكتبة الوطنية

*********

رقم التصنيف العشري / ديوي : 371

ISBN 978-9957-11-755-9 (ردمك)

* المدرسة المتعلمة - مدرسة المستقبل

* الدكتور هاني الطويل - الدكتور صالح عبابنة

* الطبعــة الأولى 2008

* جميع الحقوق محفوظة للناشر

دار وائـــل للنشر والتوزيع

* الأردن - عمان - شارع الجمعية العلمية الملكية - مبنى الجامعة الاردنية الاستثماري رقم (2) الطابق الثاني

هـاتف : 00962-6-5338410 - فاكس : 00962-6-5331661 - ص. ب (1615 - الجبيهة)

* الأردن - عمـان - وسـط البـلد - مجمـع الفحيص التجـاري- هـاتف: 00962-6-4627627

www.darwael.com

E-Mail: Wael@Darwael.Com

قال الله تعالى في كتابه العزيز:

بسم الله الرحمن الرحيم

وَإِذْ قَالَ لُقْمَانُ لِابْنِهِ وَهُوَ يَعِظُهُ يَا بُنَيَّ لَا تُشْرِكْ بِاللَّهِ إِنَّ الشِّرْكَ لَظُلْمٌ عَظِيمٌ{13} وَوَصَّيْنَا الْإِنسَانَ بِوَالِدَيْهِ حَمَلَتْهُ أُمُّهُ وَهْناً عَلَى وَهْنٍ وَفِصَالُهُ فِي عَامَيْنِ أَنِ اشْكُرْ لِي وَلِوَالِدَيْكَ إِلَيَّ الْمَصِيرُ{14} وَإِن جَاهَدَاكَ عَلى أَن تُشْرِكَ بِي مَا لَيْسَ لَكَ بِهِ عِلْمٌ فَلَا تُطِعْهُمَا وَصَاحِبْهُمَا فِي الدُّنْيَا مَعْرُوفاً وَاتَّبِعْ سَبِيلَ مَنْ أَنَابَ إِلَيَّ ثُمَّ إِلَيَّ مَرْجِعُكُمْ فَأُنَبِّئُكُم بِمَا كُنتُمْ تَعْمَلُونَ{15} يَا بُنَيَّ إِنَّهَا إِن تَكُ مِثْقَالَ حَبَّةٍ مِّنْ خَرْدَلٍ فَتَكُن فِي صَخْرَةٍ أَوْ فِي السَّمَاوَاتِ أَوْ فِي الْأَرْضِ يَأْتِ بِهَا اللَّهُ إِنَّ اللَّهَ لَطِيفٌ خَبِيرٌ{16} يَا بُنَيَّ أَقِمِ الصَّلَاةَ وَأْمُرْ بِالْمَعْرُوفِ وَانْهَ عَنِ الْمُنكَرِ وَاصْبِرْ عَلَى مَا أَصَابَكَ إِنَّ ذَلِكَ مِنْ عَزْمِ الْأُمُورِ{17} وَلَا تُصَعِّرْ خَدَّكَ لِلنَّاسِ وَلَا تَمْشِ فِي الْأَرْضِ مَرَحاً إِنَّ اللَّهَ لَا يُحِبُّ كُلَّ مُخْتَالٍ فَخُورٍ{18} وَاقْصِدْ فِي مَشْيِكَ وَاغْضُضْ مِن صَوْتِكَ إِنَّ أَنكَرَ الْأَصْوَاتِ لَصَوْتُ الْحَمِيرِ{19}.*

وقال تعالى :

فَوَجَدَا عَبْداً مِّنْ عِبَادِنَا آتَيْنَاهُ رَحْمَةً مِنْ عِندِنَا وَعَلَّمْنَاهُ مِن لَّدُنَّا عِلْماً{65} قَالَ لَهُ مُوسَى هَلْ أَتَّبِعُكَ عَلَى أَن تُعَلِّمَنِ مِمَّا عُلِّمْتَ رُشْداً{66} قَالَ إِنَّكَ لَن تَسْتَطِيعَ مَعِيَ صَبْراً{67} وَكَيْفَ تَصْبِرُ عَلَى مَا لَمْ تُحِطْ بِهِ خُبْراً{68} قَالَ سَتَجِدُنِي إِن شَاء اللَّهُ صَابِراً وَلَا أَعْصِي لَكَ أَمْراً{69} قَالَ فَإِنِ اتَّبَعْتَنِي فَلَا تَسْأَلْنِي عَن شَيْءٍ حَتَّى أُحْدِثَ لَكَ مِنْهُ ذِكْراً{70} **

---

* سورة لقمان الآيات (13-19).

** سورة الكهف الآيات (65-70).

# إهـــداء . . .

إلى الذين يحلمون بغد أفضل..........

ويؤمنون بمقدرة هذه الأمة على النهوض........

ويعملون لتحقيق هذا المستقبل...............

سبيلهم تربية الأجيال القادمة........

لتحقيق الحلم والأمل..........

نهدي كتابنا هذا

المؤلفان

المدرسـة المتعلمـة

# فهرس المحتويات

| الموضوع | الصفحة |
| --- | --- |

مقدمة الكتاب........................................ 15

الفصل الأول

مدرسة المستقبل

تمهيد........................................ 21
أزمة التربية في العالم العربي........................................ 22
غايات التربية المعاصرة........................................ 24
العرب ومستقبل التربية........................................ 27
مفهوم مدرسة المستقبل........................................ 32
ملامح مدرسة المستقبل........................................ 35
مراجع الفصل الأول........................................ 48

الفصل الثاني

التعلم المنظمي والمنظمة المتعلمة

تمهيد........................................ 53
التعلم ونظرياته........................................ 53
التعلم الفردي........................................ 55
طرق التعلم الفردي وخصائصه........................................ 59

7

| الموضوع | الصفحة |
|---|---|
| التعلم ومجتمع المعلومات................................ | 61 |
| التعلم الجماعي في المنظمات........................... | 70 |
| التعلم المنظمي والمنظمة المتعلمة..................... | 70 |
| أولاً: التعلم المنظمي.................................... | 71 |
| - خصائص التعلم المنظمي.............................. | 73 |
| - دورة عملية التعلم المنظمي.......................... | 77 |
| - آلية التعلم المدرسي................................... | 80 |
| - الفروق بين التعلم المنظمي والتعلم التقليدي........ | 82 |
| - قضايا لم تحسم في التعلم المنظمي.................. | 84 |
| ثانياً: المنظمة المتعلمة................................. | 85 |
| مقارنة بين التعلم المنظمي والمنظمة المتعلمة........ | 93 |
| مراجع الفصل الثاني.................................... | 95 |

## الفصل الثالث

## ضوابط المدرسة المتعلمة

| | |
|---|---|
| تمهيد..................................................... | 101 |
| المدرسة المتعلمة....................................... | 102 |
| ضوابط سينجي للمنظمة المتعلمة...................... | 105 |

| الموضوع | الصفحة |
|---|---|
| ضوابط المدرسة المتعلمة | 108 |
| أولاً: التمكن الشخصي | 111 |
| ثانياً: النماذج العقلية | 113 |
| ثالثاً: الرؤية المشتركة | 115 |
| رابعاً: تعلم الفريق | 117 |
| خامساً: التفكير النظمي | 118 |
| المدرسة المتعلمة والضوابط الخمسة | 124 |
| شواهد المدرسة المتعلمة | 125 |
| مراجع الفصل الثالث | 127 |

## الفصل الرابع

## المتغيرات المدرسية التي تساعد في إنجاح التعلم المنظمي

| | |
|---|---|
| تمهيد | 133 |
| القيادة في المنظمات المتعلمة | 136 |
| صناعة القرار في المدارس المتعلمة | 141 |
| المناخ المنظمي | 143 |
| مراجع الفصل الرابع | 145 |

| الموضوع | الصفحة |
|---|---|

### الفصل الخامس

### المدارس العربية كمنظمات متعلمة: الأردن كأنموذج

| | |
|---|---|
| تمهيد .................................................. | 151 |
| مشاريع التطوير التربوي في الأردن..................... | 152 |
| واقع المدرسة الأردنية................................ | 154 |
| دراسة: المدرسة الأردنية كمنظمة متعلمة................ | 156 |
| نتائج الدراسة....................................... | 157 |
| المجال الأول: التمكن الشخصي......................... | 161 |
| المجال الثاني: النماذج العقلية........................ | 161 |
| المجال الثالث: الرؤية المشتركة........................ | 162 |
| المجال الرابع: تعلم الفريق........................... | 162 |
| المجال الخامس: التفكير النظمي....................... | 162 |
| مناقشة النتائج...................................... | 163 |
| ● التمكن الشخصي................................ | 168 |
| ● التفكير النظمي.................................. | 170 |
| ● النماذج العقلية................................. | 171 |
| ● الرؤية المشتركة................................. | 174 |

| الموضوع | الصفحة |
|---|---|
| • تعلم الفريق | 176 |
| مناقشة النتائج المتعلقة بالأنموذج المقترح | 178 |
| أهداف الأنموذج | 179 |
| فوائد الأنموذج | 180 |
| مراحل تطبيق الأنموذج | 180 |
| خصائص الأنموذج | 184 |
| مكونات الأنموذج | 184 |
| الخطة الإجرائية لتطبيق الأنموذج المقترح | 187 |
| مراجع الفصل الخامس | 189 |
| المصادر والمراجع | 191 |
| أولاً: المراجع والمصادر العربية | 191 |
| ثانياً: المراجع الأجنبية | 195 |

# فهرس الجداول

| الرقم | العنوان | الصفحة |
|---|---|---|
| 1 | نظريات التعلم ................... | 58 |
| 2 | الفروق بين التعلم المنظمي والتعلم التقليدي ............... | 83 |
| 3 | الفروق بين التعلم المنظمي والمنظمة المتعلمة ............ | 94 |
| 4 | الخطــة الإجرائيــة للمــرحلتين الأولى والثانيــة لتحويــل المــدارس الحكومية إلى منظمات متعلمة ............................... | 188 |

المدرسـة المتعلمـة

## فهرس الأشكال

| الرقم | العنوان | الصفحة |
|---|---|---|
| 1 | موقع التعليم والتعلم من منظومة المجتمع ............................ | 63 |
| 2 | تطور النظرة إلى التعليم ............................ | 65 |
| 3 | دورة عملية التعلم المنظمي ............................ | 78 |
| 4 | نوعا التفاعل بين المعلمين ............................ | 81 |
| 5 | الأنموذج الأميبي للمنظمة الحديثة ............................ | 91 |
| 6 | ضوابط سينجي الخمسة للمنظمة المتعلمة ............................ | 106 |
| 7 | هرم الضوابط الخمسة للمنظمة المتعلمة ............................ | 123 |
| 8 | طريقة صناعة القرار في المدارس التقليدية ............................ | 142 |
| 9 | طريقة صناعة القرار في المدارس المتعلمة ............................ | 142 |

# المقدمة

تعزز منذ بدايات الألفية الثالثة استخدام مصطلح المدارس المتعلمة Learning Schools في خطاب الإداريين التربويين, بعد شيوع مصطلح المنظمات المتعلمة Learning Organizations منذ بدايات تسعينيات القرن الماضي عندما أبدعه المهندس الأمريكي بيتر سينجيPeter Senge في كتابه ذائع الصيت الضابط الخامس The Fifth Discipline الصادر عام 1990م, الذي ضمنه الضوابط الخمسة للمنظمة المتعلمة, وهي: التمكن الشخصي- Personal) (Mastery، والنماذج العقلية (Mental Models)، والرؤية المشتركة (Shared Vision)، وتعلم الفريق (Team Learning)، والتفكير النظمي (Systems Thinking) , وأطلق على الضابط الأخير (التفكير النظمي) اسم الضابط الخامس. ويقصد بالمدارس المتعلمة تلك المدارس القادرة على التعلم من الخبرات التي مر بها أفرادها أثناء التأهيل قبل الخدمة, أو يمرون بها أثناء الخدمة, أو مقدرتهم على اقتناص المعرفة من البيئة المحيطة, وإدخالها إلى مدارسهم ضمن رؤية مشتركة متقاربة, والعمل بروح الفريق لتحقيق أفضل مستوى ممكن لتربية أجيال المستقبل وبنائهم.

لاقت أفكار سينجي صدى واسعاً لدى الإداريين في مختلف الأعمال التجارية والصناعية والخدمية المختلفة, وفي المنظمات الاجتماعية وأهمها المدارس, وبدأت هذه المنظمات في ممارسة التعلم المنظمي Organizational Learning , واستكشاف مدى ممارستها لمعايير المنظمة المتعلمة, وقد أثبتت الدراسات المختلفة إمكانات التعلم

المنظمي على زيادة مقدرة المنظمات المختلفة على تحقيق مخرجات وموظفات ذات جـودة أعلى, وأصبحت هذه المنظمات أكثر مقدرة على التكيف مع تحديات العصر الحـالي ومتغيراتـه الاقتصـادية والسياسـية والاجتماعيـة والعلميـة والتكنولوجيـة فصـمدت ونمـت, في حـين أن المنظمات التي لم تستطع ممارسة التعلم المنظمي وبالتالي التكيف مع هذه المتغيرات؛ فأصابها الوهن وأصبحت تصارع من أجل البقاء.

يمثل مفهوما التعلم المنظمي والمنظمات المتعلمة ذروة منحى النظم الـذي بـدأ منـذ ستينيات القرن الماضي, وينتظر منهما العمـل كمعـززات للمـنظمات لزيـادة مرونتهـا وانـدماج العاملين فيها مع أهداف منظماتهم وزيادة مقدرتها عـلى التنـافس وتحقيـق التميـز والإبـداع, وينتظر من المدارس المتعلمة أن تكون قادرة على بناء مجتمع متعلم, يمثـل فيـه الطلبـة ثـروة بشرية مؤهلة للعمل في السوق العالمي, أي بناء المواطن والإنسان العالمي القـادر عـلى الـتعلم المستمر, الواعي للمتغيرات من حوله, المـتمكن مـن تقنيـات إنتـاج المعرفـة والحصـول عليهـا, القادر على اكتساب المعـارف ومعايشـة الخـبرات والحكـم والتأمـل والتصرـف بحنكـة ودرايـة, وتقيـيم الأمـور واتخـاذ القـرارات والمواقـف السـليمة والصـائبة في حياتـه الشخصـية والمهنيـة والاجتماعية.

وعندما أصبح هذا هو دور المدرسة في العصر الحـالي وفي المسـتقبل, وإيمانـا منـا بالـدور الحيوي الذي تلعبه المدرسة المتعلمة في بناء مستقبل الأمم والشعوب, ورغبـة في إثـراء المكتبـة التربوية العربية بمؤلف يناقش التعلم المنظمي والمـدارس التـي تـتعلم, ومحاولـة لنشرـ ثقافـة التعلم الجديدة في الوطن العربي؛ فقد رأى الكاتبان ضرورة تزويـد التربـويين بجهـد جـاد حـول مفهومي التعلم المنظمي والمنظمات المتعلمة وتطبيقاتهما في المواقف المدرسية. وهكذا تولدت فكرة هذا الكتاب, الذي يؤمل أن يسهم في بناء مستقبل أفضل للمدارس العربية .

يتكون هذا الكتاب من مقدمة وخمسة فصول, تضمن **الفصل الأول** توضيحاً لمفهوم مدرسة المستقبل وخصائصها, وخلص إلى أن مدرسة المستقبل هي المدرسة المتعلمة.

وتضمن **الفصل الثاني** مناقشة التعلم ونظرياته, والتعلم الفردي وطرقه وخصائصه, والتعلم الجماعي في المنظمات, ودورة عملية التعلم المنظمي وآلية حدوثه في المدارس, وتعريف المنظمة المتعلمة, ومقارنة بين التعلم المنظمي والمنظمة المتعلمة.

أما في **الفصل الثالث** فقد تمت مناقشة ضوابط سينجي للمنظمة المتعلمة, وتطبيق كل منها في المواقف المدرسية وهي على الترتيب: التمكن الشخصي, والنماذج العقلية, والرؤية المشتركة, وتعلم الفريق, والتفكير النظمي.

وناقش **الفصل الرابع** بعض المتغيرات المدرسية التي تساعد في إنجاح التعلم المنظمي, مثل: القيادة في المنظمات المتعلمة, واتخاذ القرار في المدارس المتعلمة, والمناخ المنظمي.

وخُصِص **الفصل الخامس** لعرض دراسة هدفت تعرف واقع درجة ممارسة العاملين في المدارس العربية لضوابط المدرسة المتعلمة, وتم اتخاذ الأردن كأنموذج لذلك, فتضمن هذا الفصل هدف الدراسة وأسئلتها, ثم عرض لنتائج الدراسة, ثم مناقشة هذه النتائج, وتم اقتراح أنموذجاً لتحويل المدارس الأردنية إلى منظمات متعلمة, والخطة الإجرائية لتطبيق الأنموذج المقترح, ثم المصادر والمراجع. وتضمن الكتاب العديد من الأشكال والجداول التي تخدم الغرض منه.

وأخيرا نرجو الله أن نكون قد وفقنا في تحقيق الغرض المنشود من هذا الكتاب, وأن يكون في ميزان حسناتنا يوم القيامة, وأن يكون مفيداً لزملائنا معلمي وإداريي المدارس ولطلبة العلم ولكل المهتمين بالتربية وإدارتها. أما الثغرات التي قد يرشدنا إليها الزملاء, فهي نموذج من القصور الإنساني عن بلوغ الكمال, فالكمال لله وحده. وسنكون شاكرين لأولئك الزملاء الذين يمكنهم أن يزودونا بملاحظاتهم وآرائهم حول ما جاء في هذا الكتاب, وفوق كل ذي علم عليم.

والله من وراء القصد وهو ولي التوفيق

المؤلفان

# الفصل الأول

# مدرسة المستقبل

**تمهيد :**

إنّ الشغل الشاغل للمربين على مر العصور يتمحور حول البحث عن الخاصيات الفضلى لمدرسة تستطيع بناء الإنسان وتأهيله للعيش والتعامل الفاعل مع متغيرات المستقبل, حيث إن عملية التربية بمفهومها الواسع تشمل التعليم والتعلم وتنمية الشخصية وتأهيل الفرد وبنائه من أجل تحقيق بعد الإنسانية فيه, وتلبية مطالب مجتمعه وعالمه الذي يعيش فيه؛ هذا المفهوم الاستشرافي لمدرسة المستقبل تنامى الاهتمام به منذ مطلع القرن الحادي والعشرين الذي شهد تطورات وثورات عميقة في مجال المعلوماتية, وتضخم المعرفة, متأثراً بما أحدثته ثورات الاتصالات والمواصلات والعلوم, وتأثيراتها الاقتصادية والاجتماعية والسياسية الهائلة, التي لم تقف عند حد؛ بل إنها ستستمر في المستقبل, كل ذلك دعا المفكرين بعامة والمربين بخاصة للبحث عن مواصفات المدرسة التي تستطيع بناء وتربية أفرادا صالحين ومبدعين, مؤهلين وقادرين على التعامل الفاعل مع المتغيرات والتحديات الحالية والمستقبلية.

إن الحديث عن أولوية التربية للمجتمعات البشرية لم يكن اخطر مما هو عليه الآن, والبشرية تغامر بارتياد آفاق مستقبلها, مندفعة صوب مجتمع المعلومات, وتتنازعها الآمال والطموحات وتستشعر المخاوف الممكنة, وتنتظرها تحديات جسام لا عهد لها بها من قبل, وتلوح لها في الأفق فرص نادرة لم تكن متاحة في السابق(علي, 2001). إن أفضل السبل لمواجهة ذلك كله تكمن في التربية بأشكالها المتعددة, حيث ينتظر من التربية أن تكون الدواء, وطوق النجاة, ومنطلقا لتحقيق الآمال. إن تاريخ البشرية يؤكد لجوء الأمم والشعوب إلى التربية كلما مرت بظروف عصيبة, أو أرادت مستقبلاً أفضل, أو وصلت مشاكلها إلى منعطفات حرجة فمثلاً طالب الفرنسيون

بتربية جديدة شاملة إثر هزيمة فرنسا من بروسيا عام 1870م, وإثر هزيمتها مرة أخرى أمام ألمانيا في الحرب العالمية الثانية عام 1940م, وعندما سئل رئيس الوزراء البريطاني السابق (توني بلير) بعد فوزه بالانتخابات عن أولوياته قال: التعليم, التعليم, التعليم؛ ولعل تعامل الولايات المتحدة الأمريكية مع التربية بعد كل إخفاق أو توجس من سبق الآخرين لها في أحد المجالات, يدل بوضوح على أهمية التربية في صناعة المستقبل, من أجل الحفاظ على الريادة والسيطرة, فقد ظهرت في أمريكا حركة الإصلاح التربوي الشامل, وخصوصا إعادة صياغة مناهج العلوم والرياضيات, عقب نجاح الاتحاد السوفيتي عام 1957م بإطلاق أول قمر صناعي "سبوتنك 1", ثم قاموا ببلورة تقرير وشعار "أمة في خطر" (A Nation at Risk) عام 1983 في مسعى منهم للحفاظ على وتيرة التفوق على المعسكر الشرقي, من خلال المدخل التربوي أولاً. وأخيرا أطلق الرئيس الأمريكي جورج دبليو بوش عام 2001م شعار "لا طفل يترك بدون تعليم" (No Child Left Behind) لاستدراك الفجوة التي أظهرتها الدراسات الدولية في الرياضيات والعلوم بين الولايات المتحدة الأمريكية وبعض الدول مثل دول شرق آسيا.

هكذا إذن يفكر ويعمل العالم من حولنا, فأين نحن العرب والمسلمون من ذلك؟

## أزمة التربية في العالم العربي

إن الظروف السياسة والاقتصادية والاجتماعية والعلمية التي يعيشها العرب والمسلمون أفرادا وجماعات, تفرض عليهم القيام بتبصرات متعمقة في نظم التربية بعامة والأداء المدرسي بخاصة من اجل إعادة صياغة العقل العربي وبنائه عبر إدراك للمخزون الثقافي الثري والمستند إلى رسالات السماء التي تهذب النفس والوجدان

, وتطور اتجاهات ايجابية نحو العمل والعلم, وتحض عل تنمية الإحساس بالمسئولية. ويورد علي(2001) عن عبد الله عبد الدايم قوله: إن أزمة مجتمعنا العربي هي في جوهرها أزمة تربية, وان أي محاولة لإخراجها من أزمتها الراهنة لا يمكن أن يتحقق فلاحه إلا عبر مدخل التربية على أن تكون تربية قادرة على التعامل مع استشرافات المستقبل. ويتابع علي: فالتربية هي المدخل إلى تنمية شاملة وصامدة والدرع الواقي ضد الاكتساح الثقافي في عصر العولمة, وأهم الأسلحة في مواجهة كل التحديات. وهنا تساؤل يفرض نفسه ...ما هي أسباب الأزمة التربوية التي يعيشها عالمنا العربي؟

أن أزمة التربية في العالم العربي قد تعود للأسباب الآتية:

- غياب فلسفة اجتماعية تبنى عليها فلسفة تربوية واقعية ومتماسكة.

- الغربنة أي الأسلوب المتبع في ملء الفراغ التربوي بالاستعارة من الغرب؛ دون أن تكون مرجعية ذلك الخصوصية العربية والإسلامية, فالانفتاح مطلوب لكن على أن يتم تأطير ذلك بممارسات تفنيدية ونقدية, إن استيراد نظم تربوية منزوعة من سياقها الاجتماعي والثقافي, وإن جاز هذا في الماضي, إلا أنه يتناقض جوهرياً مع توجه التربية الحديثة نحو زيادة تفاعلها مع بيئتها الاجتماعية.

- ندرة الجهود في مجال التنظير التربوي, والانشداد إلى الإحصائيات والجداول والأرقام والمؤشرات وعلاقات الارتباط دون تبصر, لقد غاب عن الكثير اختلاف طبيعة التربية عن العلوم الطبيعية, حيث إن تعقد النظم التربوية لا يجعل من السهل قياسها أو إخضاعها للتحليل الإحصائي الدقيق تماماً كما في العلوم الطبيعية.

● الخلط بين الغايات والمقاصد والإجراءات, والوقوف عند حدود العموميات والمبادئ العامة.

## غايات التربية المعاصرة

لقد تغيرت غايات التربية والتعليم بفعل العوامل التي طرأت على المجتمع الدولي في العشرين سنة الأخيرة, فأصبحت غايات التربية المعاصرة, هي:

1. **تعلم لتعرف:** وتشمل هذه الغاية:

أ) **كيف تعرف ؟ لا ... ماذا تعرف؟** لقد ركز الماضي على ماذا تعرف, ولكن مع الانفجار المعرفي يجب التركيز على كيف تعرف, أي الكيفية التي يتم عبرها الحصول على المعرفة, وكيفية إتقان أدوات التعامل معها, فالتعليم هو تبصير الفرد كيف يتعلم ذاتياً.

ب) **تراكم المعلومات لا يعني زيادة المعرفة,** فتراكم البيانات لا يعني زيادة المعلومات, بل إن إبداع العقل البشري في التعامل مع المعلومات يبقى هو الأهم في توليد المعرفة الجديدة, فالمعرفة تولد المعرفة Knowledge produces Knowledge.

ج) **تكامل المعرفة واتساع نطاقها,** إن الخريطة المعرفية متشابكة لا تعرف الفصل, إذ من المنتظر حدوث اندماج وتمازج بين الفروع المعرفية المختلفة للوصول إلى بناء معرفي متكامل.

**د) مداومة اكتساب المعرفة,** ويتطلب ذلك التخلص من النزعة السلبية في التعامل مع المعرفة, والانتقال من سلبية الاستقبال إلى ايجابية البحث والاستكشاف, ومتابعة تطبيق المعرفة واقعيا.

2. **تعلم لتعمل:** وتسعى هذه الغاية إلى تأهيل الفرد لتلبية مطالب المجتمع, بل إن العديد من المؤسسات والمصانع أنشأت مدارس ومؤسسات خاصة بها لتأهيل عمالتها, حيث لا تسمح سرعة الإيقاع السريع للنشاط الإنتاجي بتفرغ هذه العمالة للتعلم والتدريب, وهو ما اصطلح على تسميته **"التعلم في العمل"**.

3. **تعلم لتكون:** ويقصد بهذا الشعار الغاية التربوية لتنمية الفرد بدنيا وذهنيا ووجدانيا وروحيا, حيث أصبح المتعلم هو محور العملية التربوية, أي إضفاء الطابع الشخصي (حسب مقدرات الفرد ومهاراته) على عملية التعليم, وتنمية المقدرة على الحكم على الأمور, وتنمية الشعور بالمسؤولية الفردية, وسرعة إنضاج الصغار, وتنمية الإبداع والخيال.

4. **تعلم لتشارك الآخرين:** لقد أدت تطورات العصر الحالي إلى توسيع بيئة الإنسان, فقد أضافت إلى بيئته الأسرية والمحلية, بيئة العالم على اتساعه, ويتفرع هذا الشعار إلى: التخلص من نزعات التعصب والعنف, واكتشاف الآخر من خلال اكتشاف الذات, وتنمية مهارات الحوار مع الآخر, والرغبة في مشاركة الآخرين (علي,2001).

ولا تختلف هذه الغايات عن ما ورد في تقرير منظمة اليونسكو(1996) الذي حمل عنوان "التعليم ذلك الكنز المكنون" (Learning the Treasure Within), والذي

تضمن ملامح التربية الدولية في القرن الحادي والعشرين, ودعا إلى إحلال التعلم مدى الحياة مكانة القلب في المجتمع وفق مبادئ أربعة, هي :

1.التعلم للعيش المشترك: بتنمية المعرفة بالآخرين ومعرفة تاريخهم وتقاليدهم وروحانياتهم, والانطلاق للتكافل المتزايد بين مختلف الثقافات, وبفضل تحليل متوافق عليه لمخاطر المستقبل وتحدياته إلى تحقيق مشروعات مشتركة.

2.التعلم للكينونة: أي أن يعرف الإنسان ذاته على نحو أفضل, وذلك باكتشاف الكنوز الكامنة (المواهب) في أعماق أي إنسان, فعلى سبيل المثال لا الحصر الذاكرة وإمكانيات الذكاء, وقوة الاستدلال, والخيال, والقدرات البدنية, والحس الجمالي, وسهولة الاتصال والتخاطب مع الآخرين, والاستعداد الطبيعي للريادة والإبداع.

3.التعلم للمعرفة: وذلك بإيجاد مجتمع التعلم القائم على مقدرة الفرد على اكتساب المعارف وتحديثها واستخدامها, فبينما يتنامى مجتمع المعلومات مضاعفاً إمكانات الوصول إلى البيانات والوقائع, يجب أن تتيح التربية لكل فرد استخدام المعلومات واستقاءها واختيارها وإدارتها والانتفاع بها.

4.التعلم للعمل: أي أن يتعلم الفرد كيف يعمل, وذلك بإكسابه كفاءة تجعله قادراً على مواجهة المواقف الحياتية والعملية المتغيرة, فيجب إتاحة الفرصة للطلبة اختبار قدراتهم وإثرائها بالاشتراك في أنشطة مهنية واجتماعية جنباً إلى جنب مع دراستهم, الأمر الذي يبرر وجوب إعطاء مكانة أهم لمختلف الأساليب الممكنة للتناوب بين الدراسة والعمل. وذلك بالتوفيق بين ثقافة عامة واسعة,

وبين إمكانية الدراسة المعمقة لعدد قليل من المواد الدراسية, فهذه الثقافة العامة تعد جواز المرور نحو تربية مستمرة مدى الحياة.

والمتفحص للواقع التربوي العربي لتطبيق هذه الغايات يلاحظ بعد التسطحية والشكلنة في تحقيقها, مما يستوجب العمل وبسرعة البحث عن سبل تستطيع سد الهوة في الآمال والطموحات التي تعمل المجتمعات المتقدمة على تحقيقها بجد وبكل قواها وبين ما هو حاصل بالفعل.

## العرب ومستقبل التربية

لقد ناقش المؤتمر الثاني لوزراء التربية والتعليم والمعارف في الوطن العربي المنعقد في دمشق عام 2000م (المنظمة العربية للتربية والثقافة والعلوم, 2000)، التحولات والمتغيرات المؤثرة في تشكيل المستقبل التعليمي العربي والمتمثلة في الثورة العلمية والتكنولوجية، والتغيرات في النمو والحركة السكانية، والتوتر بين العولمة والمحلية، والتغيرات الاجتماعية، والتغيرات الاقتصادية، والتغيرات السياسية, والتغيرات الثقافية والقيمية, وخلص المؤتمرون إلى أن "مدرسة المستقبل" يجب أن تعنى وتهتم بتحقيق متطلبات ضمن تسعة محاور، هي: الفلسفة والأهداف، والمناهج، وتقنيات التعليم والتعلم، والتقويم والامتحانات، وخريج مدرسة المستقبل، ومعلم مدرسة المستقبل، والإدارة المدرسية، ومبنى مدرسة المستقبل، والتمويل, وقد توصل المشاركون في المؤتمر إلى مجموعة من التوجهات والتوجيهات حول مدرسة المستقبل التي يرغبها المجتمع العربي, من أبرزها:

1- أن تنبثق فلسفة التربية من التصور الإسلامي العميق للكون والإنسان والحياة.

2- حماية الثوابت الحضارية العربية الإسلامية لمواجهة التحديات السلبية التي تطرح في إطار العولمة.

3- أن تلبى مؤسسات التربية حاجات سوق العمل والإنتاج والمجتمع، الآنية والمستقبلية، ومتطلبات الحياة.

4- أن تتمتع الأنظمة التربوية في الدول العربية بدرجة عالية من المرونة حتى تتجاوب مع المستجدات.

5- تأكيد الدور التربوي لمؤسسات المجتمع والأسرة ومسئولياتها في تطوير العملية التربوية.

6- توظيف تقنيات المعلومات وتأثيرها في كل عنصر من عناصر العملية التعليمية داخل المدرسة وخارجها.

7- تطوير مقاييس عربية لمستويات جودة التعليم مع الاستئناس بالمعايير العالمية.

8- تشجيع القطاع الخاص المحلي والعالمي على المشاركة والاستثمار في مجال التعليم المدرسي والعالي.

كما أصدر المؤتمر إعلان دمشق حول "مدرسة المستقبل في الوطن العربي, وأكد فيه الـوزراء العزم على بذل قصارى الجهود الدائمة من اجل مواكبة التغير الذي يطرأ

على التربية في العالم، ومواكبة ما سوف يفرزه المستقبل من تغيرات تنعكس أثارها على الأنظمة التربوية والنظام الاجتماعي بشكل عام، مع مراعاة الحفاظ على هويتنا وثقافتنا العربية وقيمنا الدينية والخلقية والإنسانية, وكذلك المساهمة في رسم معالم المستقبل العالمي في شتى المجالات، وربما تصحيح مساره أحياناً، بحيث يكون للأمة العربية في بناء المستقبل العالمي شأن ونصيب. وهذا كله يستلزم القيام بجهد دائب ومستمر من أجل بناء المدرسة العربية التي تستجيب لمطالب التغيير استجابة علمية، تعبئ إمكانات العمل التربوي ومقوماته ومكوناته المختلفة سواء اتصلت بأهداف التربية أم بمحتواها وطرائقها، أم بوسائلها وتقنياتها، أم بإداراتها وتنظيمها، أم غير ذلك من جوانب العمل التربوي. كما أكد الوزراء العزم على جعل التربية همًّا وطنيًا وقوميًا مشتركًا، وعلى إفساح المجال لمشاركة المؤسسات غير الحكومية وسائر قطاعات المجتمع في تجويدها وتمويلها، مع التأكيد على أن الدولة تظل المسئولة الأولى عن تربية الأجيال وتفعيل العمل العربي المشترك في هذا المجال، بحيث تكون الأداة المشتركة لعملية التجديد والتغيير التي تستلزمها "مدرسة الغد حتى تتمكن الأنظمة التعليمية العربية من مواجهة تحديات عصر المعلوماتية والتي يتمثل بعضها في الآتي:

- إدارة طوفان المعلومات.
- بناء رأس المال البشري الأكثر كفاءة .
- التجاوب مع الحاجات الاجتماعية المتنامية وأهمها الحق في التعليم.
- تعزيز روح المواطنة.
- المحافظة على منظومة القيم الثقافية والأخلاقية" (المنظمة العربية للتربية والثقافة والعلوم, 2000).

ثم عقد وزراء التربية والمعارف العرب المؤتمر التربوي الثالث في الجزائر عام 2002م, حيث تناول هذا المؤتمر موضوع "المنظومة التربوية وتكنولوجيا المعلومات"، وقد أعدت وثيقتان رئيستان تناولت الأولى تجارب الدول العربية في استخدام تكنولوجيا المعلومات لتطوير المنظومة التربية. وقد انطلقت الوثيقة في تناول موضوعها من المضامين الأساسية لوثيقة مدرسة المستقبل الصادرة عن المؤتمر الثاني لوزراء التربية والتعليم العرب، التي أكدت ضرورة القيام بجهد دائب ومستمر من أجل بناء المدرسة العربية التي تستجيب لتحديات التغير ومطالبه. أما الوثيقة الرئيسة الثانية فقد ركزت على موضوع المؤتمر "المنظومة التربوية وتكنولوجيا المعلومات" حيث حددت المفاهيم الرئيسة ذات العلاقة، وقدمت عرضًا لعناصر شبكات المعلومات ووظائفها، وتطرقت إلى أهمية الإنترنت في مجالات الحياة المتعددة، واستعرضت الفوائد الجمة لاستخدام تكنولوجيا المعلومات والاتصال في المجال التربوي، وانتهت الوثيقة إلى عرض مجموعة من الرؤى والتوجهات العملية لتوظيف تكنولوجيا المعلومات في تطوير المنظومة التربوية العربية.

وقد توصل المؤتمر إلى مجموعة من التوصيات من أبرزها:

1-دعوة المنظمة العربية للتربية والثقافة والعلوم إلى إعداد إطار مرجعي حول استخدام تكنولوجيا المعلومات لتطوير المنظومة التربوية، يتضمن أسسها الفكرية، ويفيد من المعايير ومستويات القياس العالمية في هذا المجال.

2-دعوة المنظمة العربية للتربية والثقافة والعلوم إلى إعداد بحوث ودراسات تستهدف التوصل إلى تصورات عملية لتحقيق الاستخدام الأمثل لتكنولوجيا المعلومات كوسيلة تعليمية لإثراء المناهج الدراسية وإغنائها، ومعالجة الآثار الناجمة عن سوء استخدام الحاسوب.

3-دعوة المنظمة العربية للتربية والثقافة والعلوم إلى توثيق التجارب العربية والعالمية الرائدة والمتميزة في توظيف تكنولوجيا المعلومات في المنظومة التربوية، وإتاحتها، بما يعزز الإفادة منها، ويحقق التنسيق والتكامل بين الدول العربية في هذا المجال.

4-دعوة كليات التربية ومعاهد إعداد المعلمين إلى فتح أقسام لإعداد المتخصصين في تكنولوجيا المعلومات، وتعزيز الأقسام القائمة والتوسع فيها، بالإضافة إلى توجيه بحوث الماجستير والدكتوراه لتناول هذا الموضوع، مع التأكيد على أهمية دمج تكنولوجيا المعلومات والاتصال في صلب برامج إعداد المعلمين وتدريبهم.

5-دعوة الدول العربية إلى التوسع في إدخال مادة الحاسوب والمعلوماتية كمواد أساسية في الخطط الدراسية، وتشجيع استخدام الحاسوب وتكنولوجيا المعلومات في تدريس جميع المواد.

6-دعوة الدول العربية إلى اتخاذ ما يلزم من إجراءات لتوفير الحاسوب لأكبر عدد ممكن من المعلمين بشروط مالية ميسرة.

7-الدعوة إلى تبنى برنامج عربي مشترك لإنتاج النظم البرمجية التربوية الملائمة لحاجات النشء العربي العلمية والروحية والمادية، وبما يلائم تراث وثقافة الحضارة العربية الإسلامية، ويؤدى إلى رقى الجوانب الإنسانية والأخلاقية في تكوينه الثقافي تعزيزًا لانتمائه الإنساني الكوني انتماءًا متجذرًا في قيمه الأصيلة، ومعززًا لمشاركته الإيجابية مع الفضاءات الأخرى.

8-دعوة المنظمة العربية للتربية والثقافة والعلوم إلى وضع المواصفات الفنية والتربوية والعلمية لإنتاج البرمجيات التربوية وتحديد المعايير المناسبة لتقويمها.

9-دعوة المنظمة العربية للتربية والثقافة والعلوم إلى تبنى مشروع يهدف إلى توحيد المصطلحات وتأصيل المفاهيم في مجال تكنولوجيا المعلومات لتحقيق دقة التواصل، ويمكن أن يتم ذلك بوضع معجم متخصص في هذا المجال(المنظمة العربية للتربية والثقافة والعلوم, 2002).

كما أصدر المؤتمر "بيان الجزائر التربوي" حيث أكد فيه وزراء التربية والتعليم أن الظروف والتحديات التي تمر بها أمتنا العربية، تتطلب أن نواجهها بأساليب مبتكرة في العمل والتفكير، وطرائق حديثة في التربية والتعليم، لتنشئة أجيال معتزة بهويتها، واثقة من نفسها، متمكنة من التفكير المبدع الخلاق، وقادرة على الوفاء بمتطلبات العيش في مجتمع المعرفة والتكنولوجيا، في إطار التعاليم الدينية السمحة والقيم العربية الأصيلة.


**مفهوم مدرسة المستقبل:**

يتكون مفهوم "مدرسة المستقبل" من كلمتين: "مدرسة"، وهو هنا لا يعني بالضرورة المدرسة بمفهومها التقليدي، والتي تشتمل الطلبة والمعلمين وادارة المدرسة وصفوف التدريس، والملاعب والمختبرات وغيرها، وما يحيط بها من سور يفصلها عن المباني المجاورة. وإنما لفظ المدرسة يشمل ما له علاقة بعملية التمدرس, وهو ما يطلق على النظام التعليمي بأكمله، بأهدافه ونظمه ووسائله، أما الكلمة الأخرى فهي كلمة: "المستقبل"، وهي التي تمنح كلمة

"المدرسة" المضمون الجديد المختلف عن المدارس الموجودة حالياً, مضموناً ديناميا يتفاعل على الدوام مع متطلبات الزمان والمكان المتمددين.

إن دراسة المستقبل التربوي لا معنى لها بمعزل عن معطيات الزمان والمكان أو بمعزل عن مستقبل التغيرات السياسية، أو الثقافية، أو الاقتصادية، أو مستقبل الحضارة الإنسانية بشكل عام، إذ إن الدراسات الجادة للمستقبل تتكامل فيها أشكال المعارف والمناهج. فوضع سيناريوهات وتصاميم لأي مستقبل تربوي لا يمكن أن يتم دون اعتبار عوامل النسق السياسي والاجتماعي والاقتصادي والحضاري المؤثرة؛ ذلك أن نجاح التخطيط لمدرسة المستقبل يتوقف على مدى وديمومة تناغميته مع دينامية الأوضاع السياسية والاقتصادية والاجتماعية والثقافية للمجتمع.

قدم العديد من التربويين تعريفاً لمدرسة المستقبل؛ فعدها العبد الكريم (2003) هي المدرسة المتطورة التي يسعى التربويون لإيجادها لتلبي حاجات المتعلمين المختلفة ولتزودهم بالأسس المناسبة لمواصلة دراستهم الجامعية أو ما في مستواها، وتزودهم بما يؤهلهم للعيش بفاعلية وبتكيف في مجتمعهم الحديث.

وعرف مكتب التربية لدول الخليج العربي (2000) مدرسة المستقبل بأنها مشروع تربوي يطمح لبناء نموذج مبتكر لمدرسة حديثة متعددة المستويات تستمد رسالتها من الإيمان بأن مقدرة المجتمعات على النهوض وتحقيق التنمية الشاملة معتمدة على جودة تصميم بنائها التربوي والتعليمي, لذا فإن مدرسة المستقبل تؤهل المتعلمين فيها لحياة عملية ناجحة مع تركيزها على تنمية المهارات اللازمة وتعزيزها بما يخدم الجانب التربوي والقيمي لدى المتعلمين, وعرف عثمان (2002) مدرسة المستقبل بأنها نوع من المدارس يفيد من الإمكانات المتجددة لتكنولوجيا الحاسبات

والاتصالات والمعلومات بكافة أنواعها، فهي مدرسة تستند في تطورها إلى التكنولوجيا الحديثة، وتعمل على تشجيع الطلبة على التعلم الذاتي، وإتاحة الفرصة لهم للاتصال بمصادر التعلم المختلفة (المحلية -العالمية)، والحصول على المعلومات بأشكالها المختلفة (المسموعة – المقروءة – المرئية ...الخ) وذلك من خلال الإفادة من ممكنات الحاسبات الملحقة بها.

وباختصار فان مدرسة المستقبل هي مجموعة خاصيات ينتظر أن تتوفر في مدرسة الغد تمكنها من تلبية مطالب تربية أجيال مجتمع المستقبل وبنائهم, ليعيشوا فيه بشكل يجعلهم قادرين على تحقيق أهدافهم.

ولخص العدلوني (2000) التصورات المقترحة لمدرسة المستقبل بما يلي:

1. المدرسة المتعلمة:The Learning School هي مدرس تتمحور حول مبدأ (التربية المستديمة) وإن التعلم عملية مستمرة مدة الحياة، وإن الجميع قابل للتعلم؛ فالطالب والمعلم والمدير وولي الأمر جميعهم بحاجة إلى التعلم والنمو. لذا فإن المدرسة المتعلمة مدرسة تتمركز حول فكرة مجتمع مدرسي دائم التعلم.

2. المدرسة الإلكترونية: The Electronic School وهي نموذج لمدرسة المستقبل تسعى إلى إحلال الحاسوب الآلي بجميع ممكناته التقنية محل العمل اليدوي الرتيب، بحيث يشمل هذا الاستخدام العمليات الإدارية والمالية والإجرائية والتعليمية والمعلوماتية والبحثية.

3. المدرسة النوعية: Quality Driven- School وهي نموذج آخر لمدرسة المستقبل تتبنى نظرية الجودة الشاملة "Total Quality" والتي أساسها "جودة التعليم" ونوعيته العالية، وتركز على مبدأ "التحسين المستمر" وفق أعلى معايير

4. الأداء العالي ، سواء في التحصيل الدراسي أو في طرق التدريس، أو في أسلوب الإدارة أو في المناهج الدراسية، أو في العلاقات المدرسية .. وغيرها .

5. المدرسة التشاركية: The Collaborative School وهي نموذج لمدرسة المستقبل تتبنى "مفهوم التعليم التشاركي" القائم على مبدأ التشارك بين المعلم والمتعلم، والتشارك بين المعلمين بعضهم ببعض في المهمات التعليمية التعلمية مثل: تحضير الدروس ووضع الاختبارات، ومناقشة كيفية تطوير أساليب التدريس.

6. المدرسة المبدعة: The Creative School وهي أحد نماذج مدرسة المستقبل التي تسعى لتبنى مبدأ "تشجيع وتنمية ملكة الإبداع"، حيث تعتقد أن كل شخص في المدرسة لديه مقدرة على الإبداع والابتكار، بشرط أن تتوفر له البيئة المناسبة والمناخ الملائم الذي يشجع المبادرات الفردية.

7. المدرسة المجتمعية: Community School وهي مدرسة للمستقبل تتبنى مبدأ "إزالة الأسوار بين المدرسة والمجتمع" بكل شرائحه وفئاته، وتسعى إلى إقامة علاقات مجتمعية مبنية على أسس رشيدة بينها وبين المجتمع المحلي بكل مؤسساته وفئاته.

## ملامح مدرسة المستقبل:

تم في نهايات القرن العشرين وبدايات القرن الحادي والعشرين في العالم وفي المنطقة العربية عقد العديد من المؤتمرات والندوات التي تمحورت حول مدرسة المستقبل، ومنها الندوة التي عقدت في جامعة الملك سعود بالمملكة العربية السعودية

بعنوان "مدرسة المستقبل" عام 1423 هـ (2002)م, حيث ركزت معظم الأوراق على أن مدرسة المستقبل هي المدرسة التي تعتمد على تكنولوجيا المعلومات والاتصالات, فقد قدمت أوراق عمل تحمل عناوين مثل: المدرسة الإلكترونية: مدرسة المستقبل, التعليم الالكتروني... ترف أم ضرورة...!؟ , العصر الرقمي والتعليم, التكنولوجيا ومدرسة المستقبل:الواقع والمأمول, المدرسة الثانوية السعودية الإلكترونية (التجريبية) الافتراضية على الإنترنت, العصر الرقمي والتعليم, الاتجاهات والتطورات الحديثة في خدمة التعليم الإلكتروني: دراسة مقارنة بين النماذج الأربعة للتعليم عن بعد, تطوير طريقة المحاضرة في التعليم الجامعي باستخدام التعليم الإلكتروني مع نموذج مقترح. وعناوين أقل حدة مثل: مناهج مدرسة المستقبل, المدرسة العصرية بين أصالة الماضي واستشراف المستقبل, مدرسة المستقبل: تحولات رئيسة, وتربية وتنشئة الفرد في إطار متوازن بين ثقافة مجتمعه والاحتكاك بالثقافات المجتمعية الأخرى, إدارة مدرسة المستقبل, ولم تخل جميعها من التأكيد على أهمية الحاسوب والانترنت في التعليم والتعلم, وجاءت ورقة واحدة بمحتوى يخالف تماما مجمل الأوراق السابقة بعنوان: التقنية ومدرسة المستقبل : خرافات وحقائق.

ويمكن أن يخرج القارئ المتبصر للأدب التربوي المعاصر إن المعلمون في مدرسة المستقبل يعيشون معاً فريق عمل واحد ؛ فالتحول المنتظر في مدرسة المستقبل يأخذ بعدين: بعد التقارب, وبعد التكامل. فبدلا من عمل المعلم وحده منعزلا عن بقية زملائه, يجب أن تأخذ المدرسة المستقبلية منحى يسعى لتقريب المعلمين وربطهم ببعض بعلائق زمالة وتشارك تساعد على الاستثمار الأمثل لجهودهم داخل المدرسة. فالعمل التشاركي بين المعلمين يجب أن يكون سمة للعمل المدرسي المستقبلي. والتكامل سمة ضرورية لمدرسة المستقبل, فالتغيير يحتاج إلى جهد جماعي تتكامل فيه عناصر التطوير وتتكامل فيه الطاقات وتتآزر لتحقيق الأهداف.لأن التكامل بين أفراد المدرسة

والتقارب بينهم يساعد في إيجاد ثقافة ومناخات مدرسية مهنية يشعر فيها المعلم بالحميمية في العلاقات والانتماء لمجموعته والالتزام بمهنته ومهنيته.

أما بالنسبة للإدارة في مدرسة المستقبل فينظر إلى مدير المدرسة على أنه قائد تربوي، معني بصياغة وتصميم رؤى استشرافية Vision لمدرسته، ووضع الأهداف, والتخطيط لبلوغها بالعمل بروح الفريق. فالقائد التربوي المستقبلي يعمل مع معلميه بطريقة تسودها مناخات الزمالة, ويشركهم في صناعة القرار، عبر مداخل شورية, تستثمر كل طاقاتهم الكامنة.

إن قيادة مدرسية المستقبل تتطلب أن يكون القائد مهيئاً ومعداً للقيام بدوره القيادي بكفاءة وفاعلية وبخاصة في مجالات تطوير البيئة التربوية في المدرسة، وتبني مناخات عمل إنسانية سواء داخل المدرسة أو خارجها والحرص على بناء شبكة اتصال تسهل عملية انتقال المعلومات وجريانها وتكوين فرق عمل تحقق الأهداف التربوية المتوخاة.

إن للمدرسة دوراً أساسياً في صنع مستقبل الأجيال, ودور قيادي في عملية التغيير الاجتماعي, وذلك لكونها معنية بأن:

1. توفر للفرد المقدرة على معرفة الواقع وإدراكه من خلال تبصر وفهم العلاقات بين مكونات هذا الواقع باعتبار أن الفهم هو المقدمة الضرورية لتغيير الواقع عن طريق معرفة وإدراك شبكة العلاقات السائدة، والكشف عن علاقات جديدة يمكن إحداثها والإفادة منها في صناعة القرار المستقبلي.

2. تقوم (أي المدرسة) ونتيجة لتعرفها على العلاقات القائمة، ومحاولتها الكشف عن علاقات جديدة ممكنة بالتمهيد للقبول الاجتماعي للتغيير المنتظر وتحديد ملامح المستقبل المنتظر الذي:

أ. يقوم على أساس نشر والتقاء تقانيات جديدة للمعلومات والاتصالات.

ب. يزداد فيه اعتماد الاقتصاد على المعرفة.

ج. يأخذ شكل مجتمع معرفي.

د. يجلب معه ابتكارات تنظيمية وتجارية واجتماعية وقانونية جديدة.

هـ يؤدى إلى ظهور نماذج تنموية مختلفة عن السابق.

و. يؤدى إلى استبعاد الأفراد أو الجماعات أو الدول غير المتميزة.

ز. يتميز بالمرونة على كافة المستويات سواء في فرص التدريب أو أسواق العمل والعلاقات الاجتماعية.

إن الواقع المتغير في عالم اليوم يحمل وجهين أحدهما يمثل مخاطر وضغوطاً ومخاوف، والثاني يحمل فرصاً وإمكانيات ووعوداً بالإفادة من منجزاتها العلمية والتكنولوجية والمعرفية. غير أن التحدي يبقى في أن تتمكن مدرسة المستقبل من تجنب الوجه الأول مع ضرورة أخذه في الاعتبار دائماً, والإفادة من الوجه الثاني المرتبط بالتقدم العلمي والتكنولوجي الذي من سماته الأساسية, إن الأشياء تبدأ في التقادم وهي في أوج حداثتها ولذلك يمكن أن تتهاوى النظم والأفكار على مرأى من بداياتها إن لم تعش هذه النظم والأفكار ديمومة تجديدية.

لقد تركزت أغلب وجهات النظر حول الإصلاح التربوي من عهد قريب على استثمار معطيات التقنية والمعلوماتية لإحداث التحول في النموذج التربوي. وهذا اتجاه إيجابي ومرغوب، ولكن مع هذا كله، فان حقيقة الشيء الذي يتغير هو التقنية في جانبها المادي فقط، أما الفكر التربوي والذي يمثل الجانب غير ألامادي فيبقى تقليدياً في أطروحاته برغم من مرارة وقساوة دروس الماضي البعيد والقريب الخاصة بتوظيف التقنية في التعليم. فالملاحظ أن متغيري التقنية والمعلوماتية يمثلان الصدارة في مجالات التنظير للتخطيط التربوي، لكن دون الاهتمام بمترتبات ذلك على المنظور الشامل للتغيير التربـــوي (Systemic Change )الذي يعنى بجميع مكونات المشروع التربوي بأبعادها المادية واللامادية. إن تأسيس الإصلاح التربوي المعاصر من منطلق الإفادة من التقنية والمعلوماتية ليس خطأ بحــد ذاته، لا بل هو أمر لازم ,ولكن الخطأ الذي يتكرر هو النظر إلى أن التقنية والمعلوماتية (وحدهما) قادرتان على إحداث التغيير المنشود، في غياب الرؤية الواضحة والتخطيط الاستراتيجي. ولذا لا غرابة أن تصبح المدرسة ميداناً لتجارب مكلفة، لم تصل تأثيراتها إلى جوهر المشروع التربوي (التعلم الصفي )، ولذا لم تكن قادرة على إحداث تحول ملموس في النموذج التربوي.

إن التحدي الكبير الذي يواجه المدارس اليوم هو كيف تتغير المدارس لتواجه متطلبات المستقبل، بما في ذلك تسخير معطيات التقنيات والمعلوماتية تسخيراً فاعلاً، علماً بأن هذه التقنيات الجديدة والمتجددة لا تغير المدارس، بل يجب أن تتغير المدارس لكي تتمكن من استخدام التقنيات الجديدة بصورة فاعلة، أي أن المدارس يجب أن تشتمل على بنية تحتية جيدة، ونظاماً مرناً، وإدارة وقيادة فاعلتين وفكر منفتح بعيد

عن القولبة، كي تكون مهيأة لاستخدام التقنيات التعليمية بفاعلية، وليس مجاراة للآخرين.

إن التقنيات الجديدة سوف تزيد الحاجة إلى معلمين بمسلمات جديدة وأساليب تدريسية بارعة, وأخلاقيات متبصرة, وإلى نمط من مدارس المستقبل تعد برامج الحاسوب والإنترنت وغيرها من التقنيات وسائل معينة على التعلم الذاتي، ولكنها لا يمكن أن تلغي دور المعلمين, بل تجعل المستقبل مشرقاً أمام المعلمين الجيدين الذي سيزداد الطلب عليهم، فمع تحسين الابتكارات الحديثة، سوف يزدهر دور المربين الذين يضفون الحيوية والإبداع إلى صفوف الدراسة، ويعززون العلاقات التي يقيمونها مع الطلبة.

إن التقنيات والابتكارات العلمية والتعليمية المتتالية غيرت كثيراً في الحياة المعاصرة، ووفرت كثيراً من الوقت والجهد. فالحاسبات الآلية مثلاً وسيلة جيدة للتعليم والتعلم، ولكنها ليست الوسيلة الوحيدة، كما أنها ليست (دائماً) الوسيلة الفضلى. لذا فمن الحكمة وضع استخدام الحاسوب الآلي في التعليم (العام) في موضعه دون إهمال التقنيات والابتكارات الأخرى، وعدم إعطائه أكثر من حجمه، ومراقبة آثاره الإيجابية والسلبية على المتعلمين والمعلمين، والعملية التعليمية على حد سواء، فالعملية التربوية يجب أن تبقى إنسانية التوجه والهوى.

إن انعكاسات معطيات الثورة التقنية على التعليم في المستقبل متعددة، وتشمل الآتي:

- الحاجة إلى تأهيل المعلمين وإعادة تأهيلهم على استعمال التقنية بشكل مبدع.

- الحاجة إلى المحافظة على البعد الإنساني والعلاقات البشرية في عمليتي التعليم والتعلم؛ وذلك لمواجهة الآثار لمخاطر تحول الإنسان إلى مجرد رقم وطني.

- الحاجة إلى أخذ الحيطة من أن توسع التقنية الهوة بين الدول الغنية والدول الفقيرة، والمناطق الغنية والمناطق الفقيرة في الدولة الواحدة أيضاً.

لذا فإن السعي نحو بناء مدرسة المستقبل يتطلب الانتباه إلى المبادئ الأساسية الآتية:

- إن تحديد الغاية للوصول إلى مدرسة المستقبل أمر يجب أن يستند إلى مبادئ التخطيط السليم.

- الوضوح في تحديد المفاهيم والأهداف المرتبطة بمدرسة المستقبل يقلل من أسباب الخلاف والاختلاف حول ماهيتها.

- اعتماد الواقعية ضمن مراعاة متغيري الزمان والمكان في النظر إلى مدرسة المستقبل مما يساعد في تحقيق الأهداف المنشودة.

- النظر إلى مدارس اليوم على أنها نواة مدارس المستقبل والعمل على تطويرها والنهوض بمستواها.

- النظر إلى التقنية على أنها وسيلة جيدة للتعليم والتعلم، ولكنها ليست الوسيلة الوحيدة، كما أنها ليست بالضرورة الوسيلة الفضلى دائماً، وهذا يساعد في البحث عن

بدائل أخرى، ووسائل جديدة تكون في متناول الجميع ضمن التأكيد على دور المعلم في تحديد الوسيلة التعليمية (أو الوسائل) المناسبة لتعلم طلبته.

- التركيز على المعلمين، وتطوير أدائهم التدريسي، وتدريبهم على استخدام التقنيات المتجددة بفاعلية يساعد في تحقيق أهداف مدرسة المستقبل.

- التقويم المبني على الشفافية والوضوح والمصارحة والصرامة لواقع التعليم اليوم يفيد التفاعل الفاعل مع مشكلات مدارس اليوم وتطويرها لتتلاءم وحاجات المستقبل المستشرف.

إن تربية المستقبل تتطلب تطويرا في مفهوم المهارات الأساسية للفرد حتى يكون محورها اكتساب المتعلم مهارات التعلم الذاتي، وأن تكون لديه الدافعية للتعلم المستمر، والتحول من الاهتمام بالتعليم فقط إلى الاهتمام بالتعلم أولاً ثم بالتعليم، ومن تلقي المعلومات إلى معالجتها، ومن تشظية المعارف إلى تكاملها، ومن الاعتماد على الكلمة المكتوبة كمصدر للمعرفة إلى استخدام منظومة من مصادر التعلم وأوعية المعرفة المكتوبة والمقروءة والمسموعة والمرئية والمحوسبة.

وفي ظل التركيز الحالي على التقنية واستخدام تكنولوجيا الحاسوب في التعليم، واعتباره الحل الأوحد لمشاكل التربية، نبه الصالح(2002) إلى ضرورة عدم الانصياع الكامل لهذه الدعوات, وعدها نوعاً من الانبهار بالمتغير التقني, وطلب الالتفات إلى الحقائق الآتية:

- إن التحول الحقيقي في الإنموذج التربوي لمدرسة المستقبل يتطلب حدوث تغيير جوهري في افتراضات ومسلمات وقناعات التربويين الفلسفية والنظرية حول الكيفية التي يتعلم بها الفرد، وتوظيف التقنية في ضوء هذه الافتراضات.

- ينبغي أن تتغير الطرق التي تستخدم بها التقنية من أدوارها التقليدية (التقنية كمعلم) إلى التقنية كأدوات لتعلم نشط وبنيوي ومقصود وأصيل وتشاركي, ويتبع ذلك بالضرورة إعادة النظر بدور المعلم والمتعلم في ضوء مضامين هذا الدور الجديد للتقنية في مدرسة المستقبل,وهذا يتطلب إعادة النظر جملة وتفصيلاً ببرامج تأهيل المعلمين قبل الخدمة وأثنائها، ليس في مجال تقنية المعلومات والاتصال فقط، وإنما بجميع متغيراتها ومكوناتها بما في ذلك طرق التدريس، وإعادة صياغتها في ضوء الافتراضات المعاصرة حول التعلم.

- إن تركيز برامج الثقافة المعلوماتية للطلبة حول المهارات الأساسية في استخدام الحواسيب والمصادر التقنية الأخرى، وإهمال مهارات أخرى عديدة وهامة، لن يكون كافياً لبناء طالب مثقف معلوماتياً يعرف متى وكيف يحدد حاجاته (أو مشكلاته) المعلوماتية، ويطوّر بدائل حلولها، ويقوّم كفاءة وفاعلية الحل المعلوماتي. لهذا ينبغي إعادة تصوراتنا حول مفهوم الثقافة المعلوماتية ومتطلبات الحياة والعمل في الألفية الثالثة.

- لكي تستخدم التقنية بفاعلية في التعلم المدرسي، يجب أن تكون جزءاً من خطة شاملة لتطوير التعليم. وبعبارة أخرى، يجب دمجها بشكل كامل في خطط تحسين المدارس، وخطط المناهج فيها وخطط النمو المهني لتشمل الخطط التربوية التي توضع بوساطة القيادات التربوية. إن تحقيق عائد تربوي

مناسب من التقنية، يتطلب النظر إلى التقنية على أنها أدوات لمقابلة حاجات جوهرية، وليست مجرد أهداف جديدة معزولة.

إن الإنموذج الجديد لمدرسة المستقبل، سيكون له دور هـام في معالجـة مشـكلتين رئيسـتين تعاني منهما المدرسة التقليدية, وهما: غياب الحافز للتعلم, وصعوبة نقل الـتعلم لـتم الإفـادة الإجرائية منه في التعامل مع مواقف جديدة. هذا النموذج الجديد يتطلب دعماً سياسياً وماليـاً وتخطيطاً استراتيجياً وتغييراً شاملاً وعقولاً متفتحـة، تـدمج الفكـر التربـوي المعـاصر وإمكانـات التقنية الفريدة لتوفير بيئة تعلم تبني المتعلمين للتعامل الفاعل مع عالم متغير.

وأشار ديفز وزميلتـه اليسـون (2001) Davies and Ellison إلى أن مناقشـة الافتراضـات حـول إعادة هندسة المدارس تقود إلى التركيز على عدد من الاتجاهات المترابطة, وهي:

- تنظيم كل من العام الدراسي واليوم الدراسي.
- دور التكنولوجيا وتأثيرها على التعلم في المدارس.
- طبيعة المنهاج الدراسي.
- تحقيق المعلمين لانسيابية اليوم الدراسي.
- أنماط الإدارة ومهاراتها وكفاياتها.
- توفير أبدال تنظيمية من المدارس وتطوير مجتمع متعلم خارج المدرسة.

إن الإصلاح التربوي يقتضي تطويراً وتغييراً في كثير من اهتمامات العاملين في الميدان التربوي, وفي مواقفهم واتجاهاتهم والقيم التي يعملون بموجبها. فضلا عن تغيير ممارساتهم الصفية والمدرسية أو تطويرها, وهذا يتطلب بقاءهم جميعا متفكرين متأملين متعلمين طوال حياتهم, و أن يكون هذا التعلم متطورا باستمرار ومتكاملاً نظريا وعمليا. ولكن الإصلاح التربوي بصيغته المشار لها أعلاه لا يتم إلا بتغيير ثقافة المدرسة وجعلها ثقافة تتمتع بصحة ايجابية تلهم المعلمين والمتعلمين, وتضعهم على جادة التعلم مدى الحياة, وهذا الإصلاح يتطلب تكوين رؤية مشتركة مستقبلية للتغيير التربوي المنشود. ويدعو الصيداوي (2004) إلى تأسيس نظام تربوي جديد, يعترف بالتعلم المستمر لجميع العاملين في الميدان التربوي.

ويؤكد سينجي (Senge,1990) على أن المنظمة التي ستنجح في المستقبل هي المنظمة القادرة على تعرف كيف تستفيد من طاقة التعلم لدى جميع أفرادها, إذ أن تعلم المنظمة وعلمها أكبر من مجرد مجموع علم أفرادها. وفي السياق ذاته شددت هارس وزميلها تاسل Harris and Tassel (2003) على أن المدرسة المطورة مهنياً هي المدرسة المتعلمة، ومما يعزز مفهوم مدارس الغد أن تكون قادرة على تحقيق المجتمع المتعلم، وأوردا أن المنظمة الوطنية لاعتماد تربية المعلمين(National Council for Accreditation of Teacher Education) (NCATE) عدت تحقيق المجتمع المتعلم المعيار الأول من معايير التطوير المهني في المدارس، وأكد ديفيز واليسون (Davies and Ellison (2001 على أن أهم الاتجاهات لإعادة هندسة المدارس هو العمل على تكوين المجتمع المدرسي الدائم التعلم .

يتضح مما سبق أن مدرسة المستقبل سوف تمتاز بعدد من الخصائص, منها:

- المقدرة على التغير حسب المتغيرات المجتمعية: التكنولوجية والاجتماعية والاقتصادية,....

- استخدام تكنولوجيا حاسوب ومعلوماتية رفيعة المستوى في التعليم والتعلم.

- مدير المدرسة قائد تربوي، يمتلك رؤية (Vision) استشرافية لمدرسته.

- وضع الأهداف والتخطيط لبلوغها بالعمل بروح الفريق.

- أن تكون العلاقة أفقية بين مدير المدرسة وباقي العاملين, ولم تعد الطريقة العمودية هي الطريقة الوحيدة المفضلة في الهيكل الوظيفي للمدارس.

- توفر مصادر تعلم مختلفة (محلية-عالمية)، واعتبار الكتاب المدرسي أحد هذه المصادر.

- أن تهدف إلى تكوين الفرد ذي التعلم الذاتي المستمر.

- العمل المتكامل لجميع العاملين في المدرسة, وسيادة روح الفريق بينهم.

- الانتقال من التعليم إلى التعلم.

تمثل هذه الخصائص في الأدب التربوي المعاصر في مجالي الإدارة العامة والإدارة التربوية تيارا فكريا وتطبيقيا جديدا في إدارة المنظمات المختلفة, ومنها المنظمات التربوية يعرف هذا التيار بالتعلم المنظمي Organizational Learning والمنظمات المتعلمة Learning Organizations

. أي أن مدرسة المستقبل هي المدرسة المتعلمة, فما هي المدرسة المتعلمة؟ وما هو التعلم المنظمي؟ وما خصائص المدرسة كمنظمة متعلمة؟وكيف تتعلم المدارس؟ وهل المدارس العربية تحقق الخصائص العالمية للمدرسة المتعلمة؟ وكيف يمكن تحويل المدارس إلى منظمات متعلمة؟ هذه الأسئلة وغيرها يحاول هذا الكتاب الإجابة عنها في الفصول الآتية.

# مراجع الفصل الأول

- الصالح, بدر بن عبد الله. (2002). التقنية ومدرسة المستقبل:خرافات وحقائق, ورقة عمل مقدمة إلى ندوة مدرسة المستقبل. جامعة الملك سعود.

- الصيداوي, أحمد. (2005). الإصلاح التربوي بين المفهوم والتنفيذ, فصل في كتاب: إصلاح التعليم العام في البلدان العربية, تحرير عدنان الأمين, الطبعة الأولى, مكتب اليونسكو الإقليمي للتربية في الدول العربية, والهيئة اللبنانية للعلوم التربوية, والجمعية الكويتية لتقدم الطفولة العربية, بيروت.

- العبد الكريم, راشد. (2003):مدرسة المستقبل:تحولات رئيسية.ندوة مدرسة المستقبل, جامعة الملك سعود.

- العدلوني, محمد أكرم . (2000). مدرسة المستقبل, الدليل العملي، ورقة عمل مقدمة إلى ندوة "المعالم الأساسية للمؤسسة المدرسية في القرن الحادي والعشرين" الدوحة, قطر.

- عثمان, ممدوح عبد الهادي. (2002). التكنولوجيا ومدرسة المستقبل" الواقع والمأمول "، ورقة عمل مقدمة إلى ندوة مدرسة المستقبل. جامعة الملك سعود.

- علي, نبيل.(2001).الثقافة العربية وعصر المعلومات. الكويت, سلسلة عالم المعرفة، كتاب رقم 265.

- مكتب التربية بدول الخليج العربي. ( 2000 ). مشروع مدرسة المستقبل.

- المنظمـة العربيـة للتربيـة والثقافـة والعلـوم. (2000). المـؤتمر الثـاني لـوزراء التربيـة والتعليم والمعارف العرب ، دمشق.

- المنظمـة العربيـة للتربيـة والثقافـة والعلـوم. (2002). المـؤتمر الثالـث لـوزراء التربيـة والتعليم والمعارف العرب ، الجزائر.

- منظمة الأمم المتحدة للتربية والثقافة والعلوم (اليونسكو).(1996). التعلم ذلك الكنـز المكنون. تقرير قدمته اللجنة الدولية المعنية بالتربية للقرن الحادي والعشرين

- Davies, B., Ellison, L. (2001). Organizational Learning: Building the Future of a School, International Journal of Educational Management, 15(2), 78-85, Bradford, UK.

- Harris, M. and Tassel, F.(2003).The Professional Development School as Learning Organization, Paper presented at the 28 th Annual Conference of the Association for Teacher Education in Europe, Malta, August, 2003.

- Senge, P.M. (1990). The Fifth Discipline: The Art and Practice of the Learning Organization. Sydney: Random House.

- Senge, P.M. (1994). The Fifth Discipline Field Book: Strategies and Tools for Building a Learning Organization. New York, Doubleday.

# الفصل الثاني

# التعلم المنظمي

# و

# المنظمة المتعلمة

## تمهيد:

إن دخول المنظمات مناخات القرن الحادي والعشرين وما فيه من تغييرات متسارعة، نتيجة لثورات الاتصالات والمعلومات حتى أصبح التغيير هو الشيء الوحيد الثابت، مما فرض على المنظمات واقعاً جديداً, يوجب عليها تبني مفاهيم إدارية جديدة للتكيف مع هذه المتغيرات, ولجسر الفجوة بين ما هي عليه وما يجب أن تكون، ومن أهم هذه المفاهيم: التعلم المنظمي، والمنظمة المتعلمة.

## التعلم ونظرياته

التعلم هو العملية التي كرم الله تعالى بها الإنسان، فجعله قادرا على الاستفادة من الخبرات التي يعيشها، حيث ورد الجذر "علم" 484 مرة في القرآن الكريم، وتضمن معنى التعلم الإنساني في العديد من الآيات القرآنية، ومنها قوله تعالى: {**وَعَلَّمَ آدَمَ الأَسْمَاء كُلَّهَا ثُمَّ عَرَضَهُمْ عَلَى الْمَلاَئِكَةِ فَقَالَ أَنبِئُونِي بِأَسْمَاء هَؤُلاء إِن كُنتُمْ صَادِقِينَ** }{31}{**قَالُواْ سُبْحَانَكَ لاَ عِلْمَ لَنَا إِلاَّ مَا عَلَّمْتَنَا إِنَّكَ أَنتَ الْعَلِيمُ الْحَكِيمُ**}{32}( **سورة البقرة**) **وقوله**:{**فَيَتَعَلَّمُونَ مِنْهُمَا مَا يُفَرِّقُونَ بِهِ بَيْنَ الْمَرْءِ وَزَوْجِهِ** } {102} (**سورة البقرة**) **وقوله تعالى**:{**تُعَلِّمُونَهُنَّ مِمَّا عَلَّمَكُمُ اللّهُ**} {4} (**سورة المائدة**) **وقوله**:{**نَرْفَعُ دَرَجَاتٍ مِّن نَّشَاء وَفَوْقَ كُلِّ ذِي عِلْمٍ عَلِيمٌ** }{76} ( **سورة يوسف**) **وقوله**:{ **فَوَجَدَا عَبْداً مِّنْ عِبَادِنَا آتَيْنَاهُ رَحْمَةً مِنْ عِندِنَا وَعَلَّمْنَاهُ مِن لَّدُنَّا عِلْماً** {65}**قال لَهُ مُوسَى هَلْ أَتَّبِعُكَ عَلَى أَن تُعَلِّمَنِ مِمَّا عُلِّمْتَ رُشْداً** }{66} ( **سورة الكهف**)، **وقوله**: {**وَقُل رَّبِّ زِدْنِي عِلْماً** }{114} (**سورة طه**) **وقوله**:{**وَمِنكُم**

مَّن يُرَدُّ إِلَى أَرْذَلِ الْعُمُرِ لِكَيْلَا يَعْلَمَ مِن بَعْدِ عِلْمٍ شَيْئاً {5} } (سورة الحج, آية5), وقوله تعالى:

{الرَّحْمَنُ{1} عَلَّمَ الْقُرْآنَ{2} خَلَقَ الْإِنسَانَ{3} عَلَّمَهُ الْبَيَانَ{4} من سورة الرحمن، وقوله:{عَلَّمَ الْإِنسَانَ

مَا لَمْ يَعْلَمْ } {5} } (سورة العلق), وعن أبي هريرة رضي الله عنه أن رسول الله  قال :{من سلك طريقاً

يلتمس فيه علماً سهل الله له طريقاً إلى الجنة } رواه مسلم (النووي: 1378)، وعن أنس رضي الله عنه قال

قال رسول الله: {من خرج في طلب العلم فهو في سبيل الله حتى يرجع} رواه الترمذي(النووي: 1382)،

وورد في الأثر الحث على التعلم مدى الحياة بالقول: "اطلبوا العلم من المهد إلى اللحد".

والتعلم الإنساني قد يكون تعلماً مقصوداً أو غير مقصود، وسميت عملية تعريض الفرد
إلى خبرة أو مجموعة خبرات مقصودة بعملية التعليم، وما يحدث عنده من تغيرات نتيجة
هذه الخبرات بالتعلم (عبابنة، 2007)، والتعلم يتأثر ايجاباً أو سلباً بعدة عوامل وهي:
الاستعداد والدافعية والخبرة والنضج، ومن  شروطه:

1.  أنه يظهر عند المتعلم على شكل سلوك قابل للملاحظة.

2.  أنه ثابت نسبياً وليس مؤقتاً وليس مرهوناً بظروف معينة, ويستدل على التعلم من
    خلال معرفة الفرق بين سلوك ما بعد المرور بالخبرة وسلوك ما قبل الخبرة، فإذا كان
    هناك فرق ما بين الحالتين، أمكن الاستنتاج بأن الفرد قد تعلم.

3. أنه قابل للتغيير والتعديل و بتأثير مواقف تعلمية مصممة بعناية, والتغيرات التي يحدثها التعلم تظهر على سلوك المتعلم، فالمقصود بالتغير هنا التغير في السلوك المستند إلى تغير في المسلمات والخرائط الذهنية، وحتى يتعلم المتعلم يجب أن يكون ناشطاً من الناحيتين الجسمانية والعقلانية خلال موقف التعلم.

إن عملية التعلم في المدارس تشمل مدخلاتها البشرية كافة من طلبة ومعلمين وإداريين، يتم ذلك في مستويين:على المستوى الفردي، وعلى المستوى الجماعي (Wonacott, 2000) بمعنى أن التعلم المنظمي نوعان: التعلم الفردي للعاملين، والتعلم الجماعي المشتمل على تفاعلية التعلم الفردي لمجموع مدخلات النظام البشرية.

**التعلم الفردي:**

طور علماء النفس التربوي العديد من النظريات التي تفسر عملية التعلم الفردي وخاصةً عند الطلبة في المواقف المدرسية المختلفة، وفيما يلي موجز لهذه النظريات (Lorinczi ,2004)، و(قطامي, 2005) :

**أولاً: نظرية التعلم الكلاسيكي:** وهي النظرية التي كانت شائعة في القرن التاسع عشر- وبداية القرن العشرين، وكانت تركز على استقبال الفرد للمعرفة بالاستماع والحفظ، ومن ثم ترديد هذه المعرفة.

**ثانياً: النظريات السلوكية:** وظهرت خلال الثلاثينيات وحتى الخمسينيات من القرن العشرين، حيث عرفت هذه النظريات التعلم بأنه تغير ثابت نسبياً في السلوك يحدث نتيجة الخبرة، أو نتيجة مجموعة من التفاعلات بين الفرد وبيئته، ويحتاج إلى فترة زمنية فلا يحدث فجأة، ومن هذه النظريات:

1. نظرية التعلم الاشراطي الكلاسيكي: لبافلوف (Pavlov)، وترى أن التعلم يحدث بشكل آلي، حيث يؤدي المثير الشرطي إلى استجابة شرطية.

2. نظرية التعلم الإجرائي: لسكينر (Skinner)، ويختلف التعلم هنا عن السابق بوجود تعزيز يلي الاستجابة.

**ثالثاً:** **نظريات التعلم المعرفي:** تُعرِف هذه النظريات التعلم بأنه عملية إحداث تغييرات في البنى المعرفية، والخرائط الذهنية والمسارب العقلية التي يبنيها المتعلم ويطورها نتيجة تفاعله مع المواقف والخبرات التي يعيشها, ومستوى ثراء هذه المخططات وتعقدها. ويعمل التعلم المعرفي على استيعاب المتعلم والإفادة من الخبرات الجديدة، والتخلص من مترتبات الخبرات المشوهة معرفياً، بمعنى أن البنى المعرفية للمتعلم تتطور كماً وكيفاً نتيجة تعرضه لخبرات جديدة، ومن أشهر نظريات التعلم المعرفي:

أ. نظرية الجشتالت /المجال: التي طورها علماء ألمان مثل كوهلر (Kohler)، وليفين (Lewin)، وترى أن التعلم هو رؤية الموقف ككل وإدراك العلاقات بين أجزائه.

ب. النظرية البنائية : وأشهر روادها : فيكو (Vico) وبياجيه (Piaget) وفيجوتسكي (Vygotsky)، وترى أن التعلم عملية ذهنية توافقية يتم وضع المتعلم في حالة ضغط معرفي بهدف استثارة المتعلم كي يصارع هذا الضغط للوصول إلى حالة التوازن، وللتحكم في عمليات التعلم يفترض الاتجاه البنائي مجموعة من الإجراءات التعلمية، وهي كالآتي:أن يعرف المتعلم ما يريد، وأن يعرف موقفه من القضية موضوع التعلم، وأن يبني

ج. موقفاً خاصاً منها، وأن يعرف الطريقة التي يفاوض بها الآخرين في القضية المعرفية، وأن يعرف ما ينقصه من خبرة في مواقف التعلم، وأن يبني النشاط الذاتي لتعلمه، وأخيراً يتحدث عن الخبرة بعد تطبيقها.

د. نظرية التعلم بالملاحظة: ومن روادها ماكينباوم (Meichenbaum) الذي أوضح أن التعلم يحدث عن طريق الربط المباشر بين السلوك الأنموذج والاستجابات الحسية والرمزية للملاحظة، حيث يقوم هذا الملاحظ بتسجيل استجابات النموذج وتخزينها على نحو رمزي، ثم يقوم باستخدامها كقرائن عندما يريد أداء هذه الاستجابات على نحو ظاهري.

هـ. نظرية التعلم ذي المعنى: وأشهر روادها أوزوبل (Ausubel) الذي يرى أن التعلم يحدث إذا كان ذا معنى عند المتعلم، فلا بد من توفير المنظمات المتقدمة لتزويد المتعلمين بالخلفية المعرفية الضرورية التي تمكنهم من دمج المعلومات الجديدة في بناهم المعرفية الراهنة.

هـ. استراتيجيات المألوفات العقلية: وأهم روادها كوستا (Costa) الذي يرى أن التعلم هو عملية التعديل المعرفي في كل مرة يواجه فيها المتعلم خبرات تخل باستقراره الذهني وكفاحه للوصول إلى حالة التوازن المعرفي، وذلك باستخدام المهارات العقلية المعرفية التي بلغ عددها ست عشرة مهارة، يتطلب تطبيقها تحقق الجوانب الآتية لدى المتعلم: الاستعداد الدائم، والانفتاح على الخبرات المختلفة، واحترام طاقة الذهن، وتبني فكرة تميز الإنسان كمتعلم، والتسليم بأن الذكاء يمكن تعديله معرفياً.

والجدول (1) يوضح تلخيصاً لنظريات التعلم من كونه مجرد "مثير-استجابة" حتى اعتباره عملية معقدة وظاهرة اجتماعية:

## جدول (1) نظريات التعلم

| النظرية التعلمية | الوصف |
|---|---|
| النظرية السلوكية | تعتمد المثير والاستجابة والتعزيز لتحدث تغيراً في سلوك المتعلم وبالتالي حدوث التعلم. |
| النظرية المعرفية | يحدث التعلم عند حدوث تغيرات تفكيرية في البنى العقلية للفرد واستعداداته. |
| النظرية الإنسانية | يحدث التعلم نتيجة توفر دافعية مناسبة عند الأفراد. |
| نظرية التعلم الاجتماعي | ويحدث تعلم الأفراد والجماعات عن طريق الملاحظة. |
| جعل عملية التعلم اجتماعية | يحدث التعلم بنظام المجموعات في التدريس، ويتم التطبيق تحت الظروف المتغيرة. |
| التعلم التعاوني | يحدث التعلم نتيجة مشاركة كل فرد في التعلم على شكل فريق. |
| التعلم المنظمي | يمتاز التعلم هنا بوجود عوامل مشتركة بين الأفراد مثل روح التصميم والرؤية والأهداف المشتركة. |
| التعلم الإجرائي | ويتم التعلم نتيجة انغماس الأفراد في المشكلات الحقيقية. |
| تعلم مدى الحياة | التعلم هنا مبني على النموذج الذي يخدم مختلف الظروف ويصبح عادة متأصلة في الفرد. |
| التعلم الإتقاني | يتم في هذا التعلم الاحتفاظ بالمعرفة والمهارات بشكل كامل مع المقدرة على الأداء المنظم بشكل متكرر. |
| التعلم التعاوني التداؤبي | يحدث التعلم عن طريق تنفيذ النشاطات بشكل جماعي لتعطي أعلى مستوى من النتاجات، وفيه يتم الدمج بين حاجات الأفراد وحاجات الفريق. |

المصدر: لورنسيزي (2004) Lorinczi

## طرق التعلم الفردي وخصائصه

يحدث التعلم الفردي للإنسان بطريقتين:

**الأولى: الطريقة الطبيعية:** وهي الطريقة التي يتكيف فيها الإنسان ككائن حي مع الظروف المناخية والبيئية المختلفة، بهدف تقليل التوترات والوصول إلى أكبر توافق بيولوجي معها، مثل هذا التعلم (التكيف) يحظى باهتمام المختصين بعلم الأحياء. وتظهر آثار هذا التعلم على الإنسان على شكل تغيرات جسدية تؤدي استمراريتها إلى تكون الطفرات التي تنتقل إلى الأبناء عن طريق الجينات، وفي حالة إخفاق الكائن الحي في التكيف مع متغيرات البيئة فانه يبدأ بالضعف والتراجع، وقد ينقرض في نهاية الأمر.

**الثانية: طريقة الاكتساب:** وتشمل التعلم المقصود والتعلم غير المقصود، وهي الطريقة التي يتعلم بها الإنسان من الخبرات التي يمر بها ويعايشها، وتشمل التعلم المدرسي والتعلم من الحياة بشكل عام، ويهتم بهذا التعلم المربون وعلماء النفس التربويون. ويظهر مثل هذا التعلم لدى الإنسان على شكل سلوك ومعارف ومهارات واتجاهات، ويعد العقل الإنساني أداة هذا التعلم، وينتقل إلى الآخرين عن طريق عمليتي التعليم والتعلم.

التعلم الفردي بالطريقة المكتسبة يمتاز بالعديد من الخصائص، وأهمها:

- التعلم عملية موجهة وهادفة؛ فالمتعلم يجب أن يكون راغباً في التعلم وساعياً إلى تحقيق أهدافه والتغلب على الصعاب وحل المشكلات التي قد تعترض عملية تعلمه.

- التعلم إعادة تنظيم لخبرات الفرد طالما يعيش الإنسان دينامية من الطموحات والخبرات فانه يعيش تعلماً، لكن قد يشعر أحياناً بالإحباط لقصور في معلوماته السابقة وبناه

المعرفية يدفعه ذلك، وبرغبة قوية، إلى تعلم جديد يغني خبراته، ويساعده على حل مشكلاته، وتحقيق أهدافه.

- التعلم عملية مستمرة؛ وهو عملية تتم داخل المدرسة وخارجها، وحيثما يتعرض الفرد إلى خبرات وتجارب تؤثر على سلوكه.

- التعلم عملية متعددة الخطوات؛ فالمتعلم يفعل، ويتفاعل، ويتعلم، ويوظف ويستخدم اهتماماته، ودوافعه، ومهاراته، وأقصى طاقاته وذكائه لتحقيق أهدافه، يوظفها جميعاً في مجال خبراته التعلمية.

- التعلم عملية تطورية؛ فهي ليست مستمرة وتراكمية فحسب، بل إن تنظيم الأفكار والخبرات في تطور مستمر بشكل يعطيها معنى أكبر. فالتعلم لا يحدث فجأة أو مرة واحدة، بل تدريجياً ومتأثراً باستعداد الفرد للتعلم، ونضجه، وتوظيف معايشته للخبرات ونقل ما تعلمه منها إلى مواقف جديدة، وبمقدرته على الربط والتعميم.

- التعلم تكاملي؛ فالمتعلم لا يستجيب للموقف التعليمي ككائن حي فقط ؛ بل إنه يستجيب للموقف التعليمي التعلمي بشكل متكامل، فالكل يعتمد على طبيعة العلاقة بين الأجزاء, وطريقة ربطها لتكوين أشكال جديدة, حيث أن التعلم المجزأ والحقائق المنفصلة سرعان ما تنسى. والتعلم يكون فاعلاً عندما يدرك الفرد العلاقة بين الجزء والكل فيجب تنظيم الخبرات التعلمية على شكل وحدات ذات معنى, ومن ثم بيان العلاقة بين هذه الوحدات ككل متكامل.

- التعلم عملية فردية؛ فلكل فرد وجهة نظر وإحساس خاص بالموقف، حيث إن لكل فرد خرائطه الذهنية تجعله يفكر بطريقة تختلف عن الأفراد الآخرين، ويؤثر في ذلك أهدافه،

وقيمه، وحاجاته، وإحساسه بنفسه وبالآخرين، لذلك سيختلف الفهم من فرد لآخر، لذلك تتركز المهمة الأساسية للتعليم في مساعدة المتعلمين على فهم كل منهم للموقف بطريقته الخاصة (لينا إبراهيم، 2005 ) .

## التعلم ومجتمع المعلومات

لقد أكد علي وحجازي (2005) على إن النقلة النوعية إلى مجتمع المعلومات فاقت ما سبقها مما أفرزته النقلة التكنولوجية في مجتمع الزراعة، أو في مجتمع الصناعة؛ حيث تميزت هذه النقلة بعظمة الآمال التي تبشر بها، وكذلك بجسامة المخاطر التي تنطوي عليا، وقد تعددت أسماء هذا المجتمع الجديد, واتخذت سلسلة مترادفاته نمطا متصاعداً, من حيث درجة الارتقاء الاجتماعي , تمثله الثلاثية الآتية:

1. مجتمع المعلومات: وهو وليد الفيض الكثيف من المعلومات وتطبيقات المعلوماتية التي تسري داخل المجتمع لدعم أنشطته, وتفسير ظواهره, وحل مشكلاته, وتصويب أوضاعه.

2. مجتمع المعرفة: القائم على توظيف المعرفة والإفادة منها كأهم مورد لتنمية جميع القطاعات الاجتماعية، والنماء الاجتماعي بصفة خاصة, علاوة على كون صناعة المعرفة قطاعا اقتصاديا قائما بذاته.

3. مجتمع التعلم : وهو يمثل ذروة الارتقاء المجتمعي, حيث يزخر المجتمع بالمدخلات البشرية القادرة على التعلم ذاتياً، وذلك بعد أن أصبحت المقدرات الذكائية متعددة وأصبح الذكاء غير مقصوراً على الكائن البشري دون سواه حيث تم تطوير ما يعرف بالذكاء الصناعي" Artificial Intelligence ", وأصبحت الخاصية الذكائية موزعة على الآلات

والأدوات والنظم والمؤسسات, وذلك بفضل هندسة الذكاء الاصطناعي وآليات التحكم التلقائي, وأصبح لمجتمع التعلم المنشود ذكاءه الجمعي, وذاكرته الجمعية, وقد صمم للتعبير عن ذلك شبكة الانترنت, وله كذلك وعيه الجمعي المتمثل في حصاد معارفه ومدركاته وخبراته, بل وله أيضاً مستوى من اللاوعي الجمعي المتمثل بالمخزون اللامادي مـــــــــــــــــــن المســـــــــــــلمات والمفـــــــــــــــــــاهيم التـــي تعمـــل تحـــت طبقـــات متراكمـــة مـــن القيـــم والمعتقـــدات والإيــديولوجيات والأعراف وما شابه. إن التحول التربوي الاستراتيجي يتم من خلال **النقلات النوعية** الآتية :

1. من معاقل التعليم إلى ايكولوجيا التعلم.

2. من البيداغوجيا إلى الايديولوجيا فالبيولوجيا.

3. من مألوفات العقد الاجتماعي القديم إلى عقد اجتماعي جديد.

4. من برادايم تقليدي للتعليم إلى برادايم جديد للتنمية البشرية.

وفيما يلي تعريف مختصر لهذه النقلات الأربعة:

1. **من معاقل التعليم إلى ايكولوجيا التعلم**: لقد حدث تغير جذري لمنظومة التعليم في المنظومة المجتمعية اليوم, حيث تم الانتقال من مجتمع الصناعة إلى مجتمع اقتصاد المعرفة, وصولاً إلى مجتمع التعلم باعتباره الغاية القصوى لتطور المجتمع الإنساني, كما في الشكل (1).

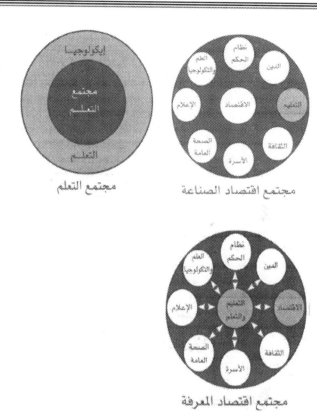

شكل(1): موقع التعليم والتعلم من منظومة المجتمع (علي وحجازي، 272:2005)

ففي عصر الصناعة كان الاقتصاد هو محور منظومة المجتمع, وكان التعليم مجرد منظومة فرعية تكاد تكون منقطعة الصلة بالمنظومات الاجتماعية الأخرى لا تتفاعل معها إلا في أضيق الحدود, وتظل هذه المنظومات بفعل المتغيرات الاجتماعية تلقي بضغوطها على منظومة التعليم, مطالبة بضرورة التجديد, ولا مجيب, لتزداد الهوة التي تفصل بين المؤسسة التعليمية ومجتمعها يوما بعد يوم, ومعها تتوالى دعاوى الإصلاح والتي يتكرر فشلها في معظم

المجتمعات, مما عززَ وعظَّم من توجيه النقد للمؤسسة التربوية, باعتبار أنه من اليسير أن يكال لها اللوم وتوضع في قفص الاتهام مع أنه قد يكون للثقافة والسياسة والاقتصاد دورها أيضاً ومساهمتها في الفشل. إن فشل التعليم لا تقع مسؤوليته على فرد أو مجموعة أفراد أو مؤسسات, بل هو فشل بنيوي يرجع إلى اتساع الهوة بين احتياجات مجتمعية متغيرة وبيروقراطية تربوية مترسخة مريضة بالانغلاق فقدت صلتها بواقعها الاجتماعي.

إن موقع التعليم يتباين بتباين المنظومة المجتمعية, فهو في مجتمع الصناعة يختلف عنه في مجتمع الاقتصاد المعرفي, ففي مجتمع اقتصاد المعرفة يحتل التعليم والتعلم موضع القلب من المنظومة المجتمعية, ويتفاعل مع جميع منظومات المجتمع الأخرى دون استثناء, حتى يكتسب الفرد والمجتمع المقدرة على التكيف التلقائي والتصويب الذاتي مع هادر وزخم المتغيرات الاجتماعية الشديدة الدينامية, إلا أن علاقة التعلم بالمجتمع ما زالت بحاجة إلى تحديد. وبارتقاء مجتمع اقتصاد المعرفة إلى مستوى مجتمع التعلم الذي يتعلم فيه الجميع: البشر والنظم والآلات، يصبح التعليم بمثابة ايكولوجيا(Ecology) عامة تدرس العلاقات بين الكائنات الحية وبيئتها حيث تتسامى فيها المعرفة لتصبح هواءً منعشاً يتنفسه الجميع.

2. **من البيداغوجيا إلى الايديولوجيا فالبيولوجيا:** لقد سادت البيداغوجيا (Pedagogy)(المنهجيات التعليمية) تعليم عصر الصناعة, فقد انشغل هذا التعليم-كما في الشكل( 2)- بانتقاء المادة التعليمية وطرق تقديمها, وشاع الحديث عن المناهج, وتأهيل المعلمين وتقييمهم.

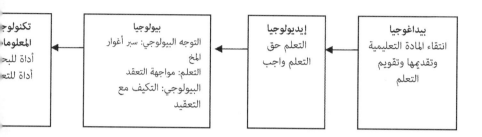

**شكل (2) تطور النظرة إلى التعليم** (علي وحجازي، 274:2005)

يسعى تعليم عصر المعلومات إلى أن يجعل من التعلم دستور مجتمع المعرفة, ليصبح التعلم نوعا من الايديولوجيا التي تعيد صياغة المجتمع وعلاقاته, وتوجه سلوك أفراده وجماعاته ومؤسساته , ويصبح التعلم في ظلها حقاً لكل فرد, وواجبا عليه في آن واحد, أي يصبح التعليم الرسمي إلزاماً والتعلم الذاتي التزاماً, فبعد أن أصبح التعليم أساس الحقوق المدنية في القرن الحادي والعشرين, فإن التعلم مدى الحياة هو الدستور غير المكتوب, والشعار الذي يجب الإيمان به وتحقيقه.

ولكي تتأصل هذه الايديولوجيا وتتعمق لا بد لها من أن تلوذ بالبيولوجيا لتكسب التعليم صبغة الظواهر الطبيعية استنادا إلى عدة أسباب منها:

- التعلم هو التكيف اجتماعياً وفقاً لمبدأ البقاء للأصلح، والأصلح هنا هو الأقدر على مواكبة التغيير المجتمعي المتسارع، لأن متغير البيولوجيا هو خير مصدر للتعلم الذاتي، ذلك التعلم الذي تمارسه جميع الكائنات الحية من أجل البقاء عبر مداومة التكيف

مع بيئتها الطبيعية, وليس من قبيل المبالغة القول بأن إنسان مجتمع المعرفة يمكن أن يتعلم ويفيد كثيراً مما هو دونه من الكائنات والعناصر البيولوجية الأخرى, سيتعلم من تضافر الحشرات الاجتماعية في بناء ممالكها , ومن كيفية قيام الأعضاء الحيوية بوظائفها الفسيولوجية, وربما لا يجد غضاضة في أن ينسخ عن أخلاقيات الدرافيل غريزة تضامنها, ألم تتطور نظرية النظم في الإدارة منذ بداية خمسينات القرن الماضي بناء على ما توصل إليه عالم الأحياء بيرتالانفي(Bertalanffy)؟

- حل معضلة التعلم بصورة جذرية لن يتأتى إلا من خلال سبر أغوار المخ البشري من خلال البيولوجيا الجزيئية والتكنولوجيا العصبية, وكشف النقاب عن الأساس الجيني لوظائف الذهن المعرفية, مما سيحدث انقلابا في أسلوب تقديم المادة التعليمية.

- استرداد غريزة التعلم الفطرية, التي تمكن الطفل من تعلم المشي, وان يكتسب لغته الأم ومبادئ الحياة الاجتماعية, فيسعى مجتمع المعرفة لجعل التعلم سمة إنسانية أصيلة, يسترد بها عقل الإنسان حيويته, ومقدرته الدائمة على إحداث المفاجأة في مواجهة المشاكل المستحدثة.

3. **من مألوفات العقد الاجتماعي القديم إلى عقد اجتماعي جديد:** لقد شاع في العالم أثناء الثورة الصناعية وبعدها نقل مسؤولية تعليم أفراد المجتمع إلى الدولة, حيث سادت النظم التربوية الحكومية المركزية, وتقلص دور القوى الاجتماعية في التعليم إلى مقدار محدود, وفي ظل العولمة التي أفرزتها ثورات الاتصالات والمعلومات ظهر إجماع على أن العولمة ستؤدي إلى ضمور الدولة وانحسار دور مؤسستها الاجتماعية "المدرسة", فالتعلم مدى الحياة نشاط اجتماعي يتقاسم مسؤوليته الدولة والمجتمع والفرد, ويعني ذلك عقداً اجتماعياً جديداً ينظم حقوق الفرد وواجباته, ويحدد مسؤولية الدولة في تحقيق

مناخ يوفر تكافؤ فرص التعليم والمشاركة وحرية التعبير والديمقراطية, ويحدد كذلك واجبات الفرد من حيث ضرورة التزامه بمواصلة التعلم.

إن من حق الفرد أن تتيح له دولته فرص التعلم مدى الحياة, وأن تنشر ثقافة التعلم, وتضع التنظيمات, وتسن التشريعات التي تحد من الاستبعاد الاجتماعي بكل صوره, وتعيد للتعلم إحدى غاياته الأساسية, وهي إعطاء الأمل للأفراد في ارتقاء السلم الاجتماعي , في مقابل هذه الحقوق فالتعلم واجب على الفرد, واجب على الوالدين تجاه أبنائهما, وواجب على المدير حرصاً على حق مرؤوسيه في الاقتداء والتعلم على يديه, وواجب على القادة السياسيين, فعدم مواصلتهم التعلم يضر بشعوبهم أشد الضرر, أما إذا لم يواصل المعلم تعلمه فتلك هي الجريمة الكبرى.

4. **من برادايم تقليدي للتعليم إلى برادايم جديد للتنمية البشرية:** لقد شاع في عصر الصناعة نموذج أو برادايم(Paradigm) تربوي قائم على ثنائية المنتج والمستهلك: مدارس تنتج أفرادا مدربين وأسواق عمل تستوعبهم, وثبات المعارف والمهارات: معارف تتهالك ولا تتجدد, ومهارات تتقادم ولا تستبدل, وهذه القطيعة أدت إلى ترسيخ النظم التعليمية, وقولبة المدارس عبر السنين, مما جعل محاولات الإصلاح التربوي تبوء بالفشل في الماضي بعد أن انحصر الإصلاح في النطاق التعليمي الضيق لا على النطاق المجتمعي الشامل.

ومن أهم الأسس التي يقوم عليها هذا البرادايم التربوي الجديد:

• مراعاة الوحدة المركبة والمعنقدة للطبيعة الإنسانية: من حيث كون الإنسان كائناً بيولوجياً وفيزيائياً ونفسياً واجتماعياً وتاريخياً, هذه الوحدة التي شتتها التعليم على مختلف المواد الدراسية إلى درجة أخفت ما يعنيه الكائن الإنساني أصلاً.

- تحقيق الوفاق بين المتناقضات في منظومة التعليم: ويقصد بها التناقضات بين المحلي والعالمي, وبين الذاتي والموضوعي, وبين المادي والروحي, وبين الشمولي والتخصصي, وبين أهداف المدى القصير وغايات المدى البعيد, وغيرها من الثنائيات.

- التوازن بين العناصر التربوية: ويقصد به التوازن بين ثنائيات :العلم والتكنولوجيا من يقود الآخر, الأخلاق والثقافة :هل الأخلاق تخضع للثقافة المحلية أم هناك نهج أخلاقي عام تلتزم به جميع الثقافات؟ الاقتصاد والمجتمع: حيث تعارض المكاسب الاقتصادية على المدى القصير والخسارة الاجتماعية على المدى الطويل.

- التصدي لظاهرة انفجار المعرفة: ويقصد به المواءمة بين تضخم المعرفة ومقدرة الإنسان على استيعابها, ومراعاة الفارق بينهما, فالمعلومات هي المادة الخام للعمليات الذهنية, أما المعرفة فهي مُنتجَها.

- التغلب على آفة التلقي السلبي: ويقصد به الانتقال بالتعلم من الشيء الذي يفعله المعلم للطلبة, إلى الشيء الذي يفعله الطلبة أنفسهم, حيث يصبح التعلم فعلاً ايجابياً إرادياً يدعمه التحدي وتثريه المشاركة.

- التمحور حول المتعلم: أي الانتقال من التعليم إلى التعلم, مما يستلزم إكساب المتعلم المقدرة على التعلم الذاتي, ومواصلة تعلمه طيلة حياته.

- تعدد مسارات التعلم وتداخلها: حيث تتطلب النقلة النوعية في التعليم تخلصاً من مفهوم السلم التعليمي التقليدي ذي التسلسل الخطي لمعارفه ومهاراته ومناهجه, وتحويله إلى شبكة مترابطة ومفتوحة من مسارات تعلم متكاملة تسمح بالامتداد

والتشعب ألهدفي مع نمو المعارف وامتزاجها وتفرعها, وهو ما تفرضه الطبيعة التكاملية للعلوم.

- الانطلاق من المعلم: وتتضمن أن يكون المعلم نفسه قادرا على التعلم الذاتي, وخصوصا امتلاكه المهارات المتجددة لتكنولوجيا الاتصالات والمعلومات, والتنمية المهنية المستمرة.

- نظام تقييم جديد: نظام لا يقوم على ما يسهل قياسه كميا على أساس تقدير حصاد المعرفة المكتسبة؛ بل يركز على كيفية وعملية اكتسابها وتوظيفها, وعلى تقييم يؤكد مواضع النجاح لا يتصيد مواضع الإخفاق, نظام يتضمن آلية للتصويب الذاتي والتغلب على الثغرات.

ويربط توماسيللو (2006) بين التعلم وطبيعة المجتمعات البشرية, فهدف آلية التعلم في المجتمعات الراكدة هو كفالة تكرار الذات أو النمط على صورة السلف, بينما في مجتمعات الثقافة الدينامية والفاعلية النشطة فالهدف هو اكتساب المتعلم أكبر قدر من المرونة والمقدرة على الفعل المستقل في التكيف السريع مع المتغيرات, وهو ما يهيئ الفرص الفضلى للبقاء والتقدم والمنافسة.


## التعلم الجماعي في المنظمات

لقد تأخر اهتمام الإنسان بالتعلم الجماعي في المنظمات حتى عهد قريب، فبعد انتشار الفكر المنظمي منذ مطلع الخمسينيات من القرن الماضي؛ فقد عرفه سينجي .Senge et al (2000) بأنه الاختبار المستمر للخبرات، وتحويل هذه الخبرات إلى معارف يسهل الحصول عليها

من قبل المنظمة ككل. ويتابع سينجي أن هذا التعلم يتطلب تناغمية موافقته للأهداف، وتوفر رؤية مشتركة على نطاق واسع، وتطوير أفكار ومفاهيم جديدة تنطلق من هذه الرؤى والأهداف، واختبار هذه الأفكار في واقع المنظمة، وإيصال هذه المعرفة بمستوى مناسب لجميع أفراد المنظمة ليستفيد كل منهم من هذه المعرفة في عمله المحدد وأداء دوره.

وشدد سينجي(1990) Senge على وجوب ممارسة المنظمة لأدوات التعلم الآتية: إعلاء مكانة دائرة التفكير، والتعلم أثناء العمل، والتقييم المستمر، والتأمل، إذ بدون استخدام هذه الأدوات لا يحدث التعلم المنظمي، ولا يستديم في المنظمة.

## التعلم المنظمي والمنظمة المتعلمة

على الرغم من التشابه بين مفهومي التعلم المنظمي(OL) والمنظمة المتعلمة (LO)، حيث يتكون كل منهما من كلمتين: التعلم, والمنظمة، إلا إن كثيراً من الباحثين يعد المفهومين مختلفين، وفيما يلي مناقشة لهذين المفهومين، ومقارنة بينهما.

### أولاً: التعلم المنظمي

بالرغم من أن التعلم المنظمي مفهوم قديم نسبياً يعود إلى الخمسينيات عندما ذكره هيربرت سيمون (Herpert Simon) لأول مرة عام (1953) من القرن الماضي (Endlik ,2001) ، حيث انتشر في نظريات النظم الحيوية والنظم الإدارية، إلا أن المفكرين ما زالوا غير متفقين

على تعريف موحد له.حيث عرف سيمون التعلم المنظمي على أنه الوعي المتنامي بالمشكلات النظمية والنجاح في تحديد هذه المشكلات وعلاجها من قبل الأفراد العاملين في المنظمات، بما ينعكس على عناصر ومخرجات المنظمة ذاتها، يشير هذا التعريف إلى أن التعلم يتضمن بصفة عامة عنصرين أساسيين هما: الوعي بالمشكلات المرتبط بمستوى المعرفة الموجودة في المنظمة, والمخرجات الناجمة عن هذا الوعي والمبنية على الإجراءات التي تتخذها المنظمة في التعامل مع هذه المشكلات, أما تعريف سيمون لمفهوم التعلم المنظمي فقد وجه انتباه الباحثين إلى إعادة التفكير في تعريف التعلم ذاته, مما أدى إلى إحداث صعوبة في التفريق بين هذا المفهوم ومفاهيم أخرى مثل التكيف والتغيير وعدم التعلم. ويلاحظ من هذا التعريف أنه يركز على استخدام ما يشبه طريقة التفكير العلمي في حل المشكلات المنظمية، ومن ثم تحسين مخرجاتها.

بينما عرفه ارجيريس وشون Argyris and Schon(1978) بأنه اكتشاف الأخطاء وتصحيحها، وعدا أن هذا التعلم يحدث عند الأفراد أثناء قيامهم بالعمل. وتبعا لهذا التعريف فقد تم التمييز بين نوعين من التعلم, وهما:التعلم ذو الاتجاه الأحادي, الذي ينبع من تمسك المنظمة بسياساتها الراهنة في محاولة لتحقيق أهدافها وتجنب الكشف عن أخطائها ومحاولة تصحيحها. والآخر التعلم ذو حلقات الاتجاه المزدوج وهو التعلم الذي يتحدى الافتراضات أو المسلمات, التي تقوم عليها السياسات والأهداف الحالية ومحاولة كشف الأخطاء وتصحيحها, وذلك من أجل تقديم المزيد من الفهم الشامل والمنظم للقوى التي تدفع المنظمة لتحقيق هذه السياسات أو الأهداف. يفترض هذا التعريف إمكانية وجود أخطاء، وإن التعلم المنظمي هو عملية كشف الأخطاء الموجودة تمهيدا لتداركها مما يزيد من فاعلية المنظمة. وفي ثمانينيات القرن الماضي، ومع بدايات انتشار استخدام الحاسوب والمعلوماتية في العمليات الإدارية المختلفة، دخل مفهوم انتقال المعلومات إلى المنظمة وبين أجزائها كمكون أساسي في عملية

التعلم المنظمي، فقد عرفت فويل و ليليز Foil and Lyles(1985) التعلم المنظمي بأنه عملية تحسين العمليات التي تقوم بها المنظمة من أجل استخدام واستيعاب المعلومات بصورة أفضل.

لقد كان لهذه الأفكار وغيرها مثل التفكير النظمي والرؤى والعمل الجماعي صدى عميق لدى سينجي عندما قدم للعالم كتابه "الضابط الخامس" عام (1990)، الذي عمل فيه على نقل النظريات في التعلم المنظمي إلى تطبيقات وممارسات عملية لتكوين المنظمات المتعلمة، وعد التعلم المنظمي الوسيلة التي من خلالها يكتشف الأفراد في المنظمات باستمرار كيف أنهم هم الذين يشكلون الواقع الذي يعملون فيه، وإن باستطاعتهم تغيير ذلك الواقع. هذا التعريف يعطي الأفراد في المنظمة الدور المحوري في عملية التعلم، ويطلق سينجي عليهم اسم العوامل (Agents) المؤثرة في التغيير.

وبعد مراجعته ألأدب السابق في التعلم المنظمي خلص هيجان (1998) إلى أن التعلم المنظمي عملية مستمرة نابعة من رؤية أعضاء المنظمة، حيث تستهدف هذه العملية استثمار خبرات وتجارب المنظمة، ورصد المعلومات الناجحة عن هذه الخبرات والتجارب في ذاكرة المنظمة، ثم مراجعتها من حين لآخر للاستفادة منها في حل المشكلات التي تواجهها، وذلك في إطار من الدعم والمساندة من قيادة المنظمة بشكل خاص والثقافة المنظمية بشكل عام. وعرفه ليثوود(1998) Leithwood انه تعلم جماعي يحدث في المنظمة. بينما عرفه إندلك Endlik (2001) بأنه مجموعة النشاطات التي تحدث في المنظمة لاقتناص وإيجاد ونقل المعرفة التي تؤدي مع الزمن إلى إحداث تغيرات سلوكية وإنتاجية، وتزيد من مستوى المعرفة والفهم في المنظمة. وعرفت جيمينيز Jimenez (2004) التعلم المنظمي بأنه المقدرة على التجديد، ودمج هذا التجديد في تركيب المنظمة.

وبناءً على ما سبق، يمكن تعريف التعلم المنظمي بأنه مجموعة العمليات والإجراءات والوسائل التي تتخذها المنظمة على مستوى كل من العاملين والبناء المنظمي، لزيادة مقدرتها على التغيير المستمر والتكيف مع المتغيرات الداخلية والخارجية، لتحقيق أقصى- درجة ممكنة من الأهداف المرغوب فيها.

**خصائص التعلم المنظمي**

يتضمن مفهوم التعلم المنظمي عددا من الخصائص التي تميزه عن غيره من المفاهيم الإدارية الأخرى , ومن هذه الخصائص:

- إن عملية التعلم في المنظمة عملية مستمرة ليس لها سقف يحدها, لذا فان الأفراد العاملين في المنظمات التي تتبنى مفهوم التعلم المنظمي لا ينظرون إلى هذه العملية على أنها شيء مضاف إلى واجباتهم وأعمالهم اليومية, وإنما ينظرون إليها على اعتبار أنها جزء من نشاط المنظمة وثقافتها, وبالتالي فان هذه العملية تحدث لديهم بصورة تلقائية ومستمرة.

مما يتطلب توفر نظام اتصال داخلي وجهاز استشعار خارجي على درجة عالية من الحساسية والكفاءة.

- تتضمن عملية التعلم المنظمي عددا من العمليات الفرعية المتمثلة في اكتساب المعلومات وتخزينها في ذاكرة المنظمة ثم الوصول إلى هذه المعلومات وتنقيحها للاستفادة منها في حل مشكلات المنظمة الحالية والمستقبلية , وذلك في إطار الثقافة المنظمية التي تميز كل منظمة عن غيرها من المنظمات.

- إن عملية التعلم المنظمي لا تحقق النتائج المرجوة منها دون وجود دعم ومساندة من قيادة المنظمة, التي يجب أن تقدم نماذج من سلوكها وتصرفاتها بشكل يمكن أن يقتدي بها الأعضاء الآخرون بما يعزز التعلم المنظمي.

وانطلاقا من هذه الخصائص المتعلقة بمفهوم التعلم المنظمي يمكن القول إن هناك مبررات كافية لدعوة جميع المنظمات الحكومية والخاصة إلى تبني هذا المفهوم, ومن هذه المبررات:

1. تنامي التحديات التي تواجه المنظمات المعاصرة الناجمة عن التغيرات الاقتصادية والاجتماعية والتكنولوجية التي تتعرض لها المجتمعات التي تعمل بها هذه المنظمات, إضافة إلى التغيرات الحاصلة في مطالب متلقي الخدمة, مما يفرض على هذه المنظمات ديمومة العمل على تحسين وسائلها في جمع وتوظيف المعلومات توظيفا سليما بما يمكنها من حل مشكلاتها الناجمة عن هذه التغييرات بطريقة إبداعية , وبالتالي تحقيق أهدافها الحالية والمستقبلية.

2. معاناة العديد من المنظمات من مشكلة التسرب الـوظيفي, أي مغادرة جـزء مـن العاملين للعمل في منظمات أخرى توفر ميزات إضافية لهم, مـما يـؤدي إلى خسـارة خبرات هؤلاء الأفراد, مما يفرض على المنظمات العمل باستمرار على تسـهيل تبـادل الخبرات بين العاملين لديها وبالتالي التقليل من الخلل الذي قد يحدث نتيجة تسرب بعض أصحاب الخبرات المميزة .

3. ظهور بعض المفاهيم الإدارية الحديثة, مثل:إدارة الجودة الشاملة, وإدارة الفاعليـة الشاملة, والهندسة الإدارية, حيث تتطلب هذه المفاهيم التحسـين المسـتمر بهـدف الإبداع, ولن يتأتى ذلك إلا من خلال تعظيم عمليـة الـتعلم المنظمـي وجعلهـا جـزءاً أساسياً من ثقافة المنظمة.

4. وأخيراً ظهور العديد من المنظرين الـذين دعـوا في بحـوثهم وكتبهم ومقالاتهم إلى ضرورة تطبيق مفهوم التعلم المنظمي في واقع المـنظمات الحاليـة لتصبح مـنظمات متعلمة(هيجان, 1998). وأشهر هؤلاء المنظرين أرجريس وشون اللذان قدما كتـاب (Organizational Learning: A Theory of Action Perspective) عـام1978 , وبيـتر سينجي الـذي قـدم كتابه The Fifth Discipline: The Art and Practice of The) (Learning Organization عـام 1990وسـينجي وزمـلاؤه الـذين قـدموا كتـاب (Schools That Learn) عام2000, مما مهد لظهور عدد كبير مـن الكتـب والبحـوث والمقالات الأخرى في هذا المجال.

وحدد دنتون (Denton) كما أوردته ناديا أيوب (2004) العوامل التي أدت إلى زيادة اهتمام المنظمات في العصر الحالي بعملية التعلم المنظمي بما يلي:

1. التحـول في الأهميـة النسـبية لعوامـل الإنتـاج مـن رأس المـال المـادي إلى رأس المـال الفكري.

2. القناعة المتزايدة بأن المعرفة هي المصدر الأساسي لتحقيق المزايا التنافسية.

3. زيادة سرعة التغير في البيئة المحيطة بالمنظمات.

4. زيادة الشعور بعدم رضا المديرين والعاملين بالنموذج التقليدي للإدارة الذي يقوم على إصدار الأوامر والرقابة المباشرة على الأداء.

5. ارتفاع حدة المنافسة في بيئة الأعمال الدولية.

6. ضرورة تعرف مشروعات الأعمال إلى احتياجات العملاء المتزايدة والمتغيرة وتلبيتها.

بينما يرى عطاري وعيسان (2003) أن التطوير المنظمي هو الحقل الأم الذي ترعرعت فيه فكرة التعلم المنظمي، ولا بد لنجاح التطوير المنظمي من توفر شروط مثل الرغبة في إحداث التغيير، والمقدرة في التأثير على الأشخاص والمنظمات والنمو المهني. يقول سينجي: "إن التعلم المنظمي هو أحد تجليات الجانب الإنساني في

التنظيم؛ إنه تجسيد لإنسانية الإنسان، وكينونته الاجتماعية من خلال الانتماء إلى كيان أكبر من الذات الفردية، مع الشعور بالارتباط بالآخرين، والإسهام في ما هو خير لهم، وبث القيم الإنسانية في مكان العمل"(Senge, 1990:14).

## دورة عملية التعلم المنظمي

تأخذ عملية التعلم المنظمي شكل دورة مستمرة تبدأ بالحصول على الجديد من البيانات والمعلومات والحصول على التغذية الراجعة حول النواتج التي تم تحقيقها, ثم تبصر ـ الواقع المنظمي واستشرافاته. وفي حال وجود فجوة بين النواتج المخطط لها والنواتج المحققة فعلاً، فإن المنظمة تقوم بتعرف الأسباب المؤدية لوجود الفجوة واتخاذ القرارات التصحيحية اللازمة، ووضع خطط جديدة وتطبيقها، مع مداومة الحصول على التغذية الراجعة حول النواتج المحققة، وذلك في شكل دورة مستمرة. تلك العملية تؤدي إلى زيادة المعرفة بأوضاع المنظمة وبيئتها، وتعديل التصرفات والاداءات للوصول إلى توافق ملائم بين التوقعات والنواتج، بحيث يصبح التعلم الذي ينتج عن البحث والاستقصاء جزءاً راسخاً في عقول الأفراد وخرائطهم الذهنية، لينعكس ذلك على رؤيتهم لكيفية التعامل مع مشكلات المنظمة وبيئتها. والشكل (3) يوضح هذه الدورة.

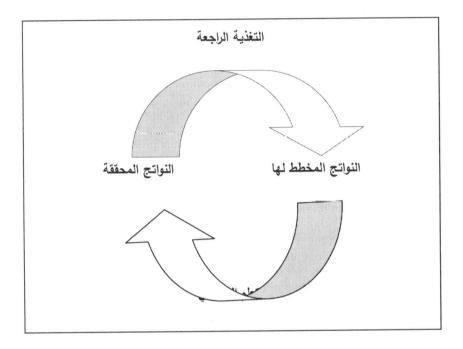

التغذية الراجعة

النواتج المحققة

النواتج المخطط لها

شكل 3 : دورة عملية التعلم المنظمي (عبابنة، 2007)

إن التعلم المنظمي للمعلمين في المدارس يتم في ثلاث دورات، هي :

● دورة التعلم المفردة (First-Loop Learning): وتحدث عندما يعمل المعلم على حل المشكلات عند طلبته في الغرفة الصفية لتحسين عمليتي التعليم والتعلم.

● دورة التعلم الثنائية (Second-Loop Learning): وتحدث عندما يعمل المعلم على حل المشكلات عند الطلبة لتحسين عمليتي التعليم والتعلم على مستوى المدرسة.

- دورة التعلم الثلاثية (Third-Loop Learning): وتحدث عندما يشارك المعلم في تعرف قيم وثقافة النظام المدرسي وأهدافه العامة التي تسهم في ضبط جودة عمليتي التعليم والتعلم(Gunter, 1996).

والتعلم المنظمي لا يحدث فجأة، بل بالتدريج، ويتم في ثلاث مراحل:

**المرحلة الأولى:** معرفية، حيث يتعرف الأفراد إلى أفكار جديدة لتوسيع معرفتهم وادراكاتهم ومن ثم يبدءون التفكير بطرق مختلفة.

**المرحلة الثانية:** سلوكية، حيث يبدأ الأفراد بتضمين رؤاهم ومعرفتهم الجديدة في سلوكاتهم واداءاتهم ويغيرون سلوكهم.

**المرحلة الثالثة:** تجريدية, حيث يتم تجويد الأداء عبر التغير في السلوك الذي يقود إلى تحسين الأداء الممكن ملاحظته وقياسه ويظهر في جودة المنتج، وزيادة الحصة السوقية والطلب عليه، أو في أي نتائج أخرى ملموسة .

وتتعلم المنظمة عندما:

- يكون تعلم الفرد مستمراً وبلا عقبات أو مشكلات.

- يتم تشكيل النماذج العقلية والخرائط الذهنية لكل فرد ويتم تطويرها باستمرار.

- يتم تبادل المعلومات والمهارات باستمرار وبكفاءة عالية.

- تتماسك المدخلات البشرية للنظم الفرعية المكونة للمنظمة في مجتمعات فاعلة تحرص على توظيف ما يتم تعلمه (سويدان, 2002).

## آلية التعلم المنظمي في المدارس

ينجم التعلم المنظمي في المدرسة عن التفاعل المستمر بين مدخلات النظام كافة بما فيها العاملين من معلمين وإداريين، ولفهم آلية هذا التفاعل لا بد من التمييز بين التعاون والتشارك. يفترض مصطلح التعاون وجود فردين فأكثر (أو مجموعتين فأكثر)، لكل منهم برامج منفصلة يوافقون على العمل معاً، لتصبح برامجهم أكثر نجاحاً، بينما يشير مصطلح التشارك إلى مشاركة جميع الأطراف المعنية المسؤولية والسلطة في عملية صنع القرار (Hord, 1987) .

يمكن التمييز بين التعاون والتشارك باستخدام مفهوم الاعتمادية المتبادلة، حيث تكون الاعتمادية المتبادلة في التعاون محدودة، بينما تكون أكبر في التشارك. إن التشارك بين الأفراد والمجموعات يولد التمكين المتبادل، ومع أن التعاون موجود إلى حد ما بين العاملين في المدارس؛ إلا أن التشارك بينهم ما زال محدوداً. ويمكن توضيح الفرق بين التعاون والتشارك لأداء مهمة بالمثال التالي: عند وجود المشكلة "س ص" في المدرسة، فان التعاون يعني تقسيم هذه المشكلة إلى جزأين "س" و "ص" حيث يقوم المعلم"أ" بحل المشكلة الفرعية "س" بخبرته الخاصة "أ"، ويقوم المعلم "ب" بحل المشكلة الفرعية "ص" بخبرته الخاصة "ب"، هنا لا يحدث تعلم بين المعلمين "أ" و"ب"، بينما في التشارك سيتم دمج خبرتي المعلمين "أ" و "ب" ثم إيجاد حل موحد للمشكلة "س ص" ويحدث تعلم بين المعلمين "أ" و "ب" ويكون الحل أفضل، والشكل ( 4 ) يوضح هذا المثال (Imants, 2003).

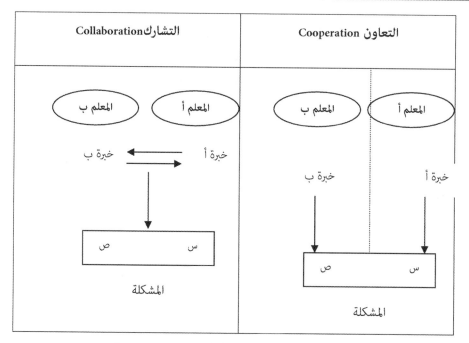

شكل 4: نوعا التفاعل بين المعلمين (Imants, 2003)

ويمكن استخلاص مجموعة من المبادئ الأساسية للتعلم المنظمي، ذكر بعضها هيجان (1998) وناديا أيوب (2004 ) وهي:

1. عملية التعلم في المنظمة عملية مستمرة، فهي رحلة ليس لها محطة وصول، بـل جـزء من نشاط الأفراد العاملين وثقافة المنظمة.

2. التعلم النظمي هو نتاج الخبرة والتجارب الداخلية والخارجية للمنظمة.

3. يحدث التعلم المنظمي في جميع المنظمات سواءً بطريقة رسمية أم غير رسمية، كما أنها (أي المنظمات) تختلف من حيث سرعتها ومهارتها في التعلم، ولكي توصف المنظمة بأنها منظمة متعلمة، لا بد من جعل عملية التعلم فيها متعمدة ومخططة ومستمرة.

4. لا يمكن أن تتحقق النواتج المرجوة من التعلم المنظمي إلا بوجود دعم ومساندة من قيادة المنظمة، لذا ركز الكثير من الباحثين على أهمية القيادة في إحداث التعلم المنظمي.

5. إن التعريفات التي أعطيت لمفهوم التعلم المنظمي تهتم بشكل عام بمقدرة المنظمة على التعامل مع الواقع الفعلي في البيئة المحيطة، والوصول إلى استنتاجات مهمة من خلال التجربة والملاحظة والتعلم، وتحويل هذه الاستنتاجات إلى ممارسات فعلية وواقعية.

6. إن تأمين الشروط الأساسية للتعلم المنظمي، وجعله متصدراً قائمة الأولويات في التنظيم وفي وظيفة كل فرد وكل فريق عمل، يتطلب الجمع بين هدف التعلم والرؤية المستقبلية الواضحة للإدارة، وجعلها معروفة عند جميع الأفراد في التنظيم، كما يتطلب النظر إلى التوجه المستقبلي للمنظمة من منظور يراعي البيئة المحيطة، لأنها الأكثر تأثيرا في إحداث التغيير المنشود فيها.

## الفروق بين التعلم المنظمي والتعلم التقليدي

نخلص مما سبق أن التعلم المنظمي يختلف عن التعلم التقليدي، ويمكن إجمال الفروق بين هذين النوعين من التعلم كما في الجدول (2):

**جدول (2) الفروق بين التعلم المنظمي والتعلم التقليدي**

| التعلم المنظمي (L O) | التعلم التقليدي |
|---|---|
| - يتم داخل مواقع العمل ويشمل الغرفة الصفية. | التعلم يتم فقط داخل الغرفة الصفية. |
| - يقدم تسهيلات التعلم لكل الأفراد وليس لمجموعة معينة فقط. | - يعتمد على تعليمات محددة للجميع. |
| - ذو توجه مرن، يعمل على قياس أنماط التحصيل المختلفة عند الجميع. | - التعلم محدد بنمط واحد ويتم على أساسه قياس أداء الجميع. |
| - يعتمد على تنوع الحاجات كما يركز على الكفاءات، وإشباعها في وقتها المناسبJust in time . | - يعتمد على إشباع جوانب معرفية فقط حسب الحاجة إليها Just in case . |
| - يتحدد بالجودة وكفاءة المهارات وإمكانية تطبيقها. | - يتحدد بمنهج وخريطة زمنية، كما يركز على القياس الكمي لحجم المخرجات. |
| - يركز على التعلم باعتباره عملية ذهنية يجب تنميتها. | - يركز على التعلم باعتباره نتاجاً وليس عملية ذهنية. |
| - يستمر حتى تحقيق إنجازات، ويمكن تعديله، ويعتمد على اكتساب استراتيجيات ومهارات للعمل. | - يتوقف بعد التخرج، ولا يطرأ عليه تعديل ويعتمد على اكتساب أنماط ثابتة. |
| - يركز على الفهم واكتساب المعلومة بأكثر من وسيلة (عملية، أو نظرية). | - يركز على بقاء المعلومة بأنماط محددة كما يركز على الطريقة اللفظية، أو النظرية. |

المصدر: وزارة التعليم العالي السعودية، مشروع تنمية قدرات أعضاء هيئة التدريس والقيادات، 2002.

وتمتاز المنظمة التي تشجع التعلم المنظمي بعدة خصائص منها:

- تشاركية في طبيعتها.

- تتمتع بنظام اتصال مفتوح.

- تعمل على تمكين جميع أفرادها.

- يمارس أفرادها الاحترام المتبادل.

- ذات قيادة تشاركية , ويتحمل الجميع المسؤولية.

- ذات بيئة تشجع التعلم الفردي والجماعي.

- منفتحة على التجارب الداخلية والخارجية  (Sharman, 2005).

## قضايا لم تحسم في التعلم المنظمي

إن مناقشة التعلم الفردي والتعلم المنظمي يثير مجموعة من القضايا التي لم تحسم بعد, وتحتاج المزيد من البحث والتمحيص, وهي:

1. الحاجة إلى تعريف واضح للتعلم Learning, يستوعب التعلُّميْن الفردي والمنظمي, ويتضمن الإجابة عن أسئلة مثل: هل من شروط تحقق التعلم حدوث تغير في الاتجاهات؟ أم أن الأهم حدوث تغير في السلوك؟ وما أنواع التعلم الذي يحدث في المنظمات, ومتى يكون هذا التعلم ايجابيا ومتى يكون سلبيا؟ وما الاختلافات بين تعلم الطلبة وتعلم العاملين في المدارس؟

2. الحاجة إلى تعريف جديد لمفهوم المجتمع Community الشائع استخدامه في المدارس المتعلمة, وهل هو مقصور على جميع أفراد المدرسة, أم هو امتدادات المجتمع الخارجي داخل المدرسة؟ وهل المناداة بأن تكون المدارس أنظمة مفتوحة يعني أنه لها خصوصية ورؤية تختلف عن رؤية المجتمع الخارجي؟

3. الحاجة إلى منظور واضح حول آلية حدوث التعلم الفردي والتعلم الجماعي في المدرسة, وهل يحدث التعلم الجماعي بشكل منفصل عن تعلم الأفراد؟ وما تأثير التعلم الفردي السابق على تعلم الفرد ضمن المجموعة الجديدة؟

4. الحاجة إلى توضيح الارتباط بين حدوث التعلم المنظمي في المدارس وزيادة تحصيل الطلبة, فما زالت نماذج التقييم المستخدمة غير واضحة, ولا تختلف عن نماذج التقييم التقليدية.

5. الحاجة إلى تحديد المتطلبات الإدارية والمنظمية من حيث التراكيب والعمليات والمصادر اللازمة لبناء التعلم المنظمي واستدامته في المدارس, وكيف يؤثر نمط القيادة المدرسية والمناخ المنظمي السائد في التعلم المدرسي؟ وما هي العوامل المدرسية التي تثبط حدوث التعلم المنظمي المنشود؟

6. الحاجة إلى وضع السياسات التعليميـة العامـة التـي تتبنـى التعلم المنظمـي, وتـوفر السند القانوني لإحداث هذا النوع من التعلم في المدارس.

## ثانياً: المنظمة المتعلمة

إن مفهوم المنظمة المتعلمة (Learning Organization) حديث نسبياً مقارنة بمفهوم التعلم المنظمي، فقد ظهر أول مرة عام (1990) على يد بيتر سينجي في كتابه"الضابط الخامس"، عندما حول النظرية في التعلم المنظمي إلى ممارسات عملية، حيث أطلق على المنظمات التي تمارس التعلم المنظمي اسم "منظمات متعلمة"، ووضع خمسة ضوابط ، يجب توفرها في المنظمات لتوصف بأنها منظمات متعلمة، وهذه الضوابط هي: التمكن الشخصي، والرؤية المشتركة، والنماذج العقلية، وتعلم الفريق ،والتفكير النظمي، حيث عد سينجي Senge (1990) المنظمة المتعلمة بأنها المنظمة التي يعمل الأفراد فيها باستمرار على زيادة مدركاتهم في تحقيق النتائج التي يرغبون فيها، عبر تطويرهم أنماط من التفكير والطموح الجماعي، حيث يتعلم الجميع باستمرار كيف يتعلمون معاً. يلاحظ من هذا التعريف انه يركز على الجانب الإنساني في المنظمة, حيث يتعلم الأفراد أولا كفايات ومهارات تمكنهم من تحقيق قدر مهم من التمكن الشخصي، ثم تدمج هذه الكفايات والمهارات مع العاملين الآخرين ضمن رؤية المؤسسة ورسالتها في عمل جماعي موحد ينتج عنه تحقيق الأهداف المرغوب فيها.

وعرف بدلر وبورغوين وبويدل Pedler, Burgoyne and Boydell (1991) المنظمة المتعلمـة بأنها المنظمة التي تسهل التعلم لجميع أفرادها باستمرار من أجل التحقيـق الفاعـل لأهـدافها الإستراتيجية. أما غارفن Garvin (1993) فأدخل البعد المكاني اللازم لوجود مجموعة من الأفـراد لتحقيق هدف ما، عندما عد المنظمة المتعلمة المكان الذي يؤدي إلى توليد المعرفة أو الحصـول

عليها وتبادلها بين جميع العاملين فيها، وتحويل ممارساتها بما يتوافق مع المعرفة الجديدة. يؤكد هذا التعريف أن المعرفة عصب المنظمة المتعلمة، كما يؤكد أهمية المعلومات للمنظمة من حيث إنتاجها والحصول عليها ومن ثم توزيعها، وإعادة النظر في استخداماتها حسب الواقع المتجدد، وهذا يتطلب توفر نظام اتصال فاعل داخل المنظمة، وبين المنظمة والبيئة الخارجية. وشدد ليثوود (1998) Leithwood على دور القائد في المنظمة المتعلمة عندما عرفها بأنها تلك المنظمة التي تمتلك قائداً يدعم توجهات عمل الفريق ، والتعلم المستمر، وممارسات العمل المنتجة.

وعرف درة (2004) المنظمة أو المؤسسة الساعية للتعلم المستمر بأنها تلك المؤسسة التي استطاعت أن تنسج في كيانها وحضارتها مقدرة مستمرة على التعلم والتكيف والتغير: فقيمها وسياستها وأنظمتها وهياكلها تشجع وتسرع التعلم لجميع العاملين فيها، ويشير هذا التعريف إلى أهمية السرعة في مأسسة الممارسات الجديدة لتصبح جزءاً أساسياً من بنية المنظمة وقيادتها وثقافتها المنظمية، مبتعدة بها عن كل أشكال المعيقات الكامنة في السياسات والقيم والبنى المنظمية. وعرفت أسمهان اغوغلو Agaoglu(2006) المنظمة المتعلمة بأنها تلك المنظمة التي تدعم نقل المعرفة واستخدامها، وتشجع إيجاد بيئة مناسبة للتطوير، وتعمل على توحيد جهود الأفراد وتفعيلها لإحداث تطوير مستدام في المنظمة. يلاحظ أن هذا التعريف ركز على أهمية تعلم المعرفة ومن ثم استخدامها من أجل إحداث التطوير المستمر في المنظمة.

تشير التعريفات السابقة أن مفهوم المنظمة المتعلمة يتضمن:

- نقل المعرفة إلى داخل المنظمة.

- توزيع المعرفة إلى جميع العاملين.

- تحويل هذه المعرفة إلى ممارسات منظمية جديدة في المنظمة.

- تحقيق الرؤية المشتركة والتوافق الجماعي بين العاملين لتحقيق أهداف المنظمة.

- تحقيق التغيير والتكيف المنظمي الذي يتناسب والتغيير في البيئة الخارجية.


يتضح مما سبق أن المنظمة المتعلمة منظمة يتم فيها ممارسة التعلم الفردي والمنظمي بشكل تلقائي مستمر لتحقيق التكيف مع المتغيرات الداخلية والخارجية، والاندماج مع البيئة، والانطلاق نحو التميز والتمايز والابتكار، وتحقيق الأهداف بأقصى درجات الكفاءة والفاعلية.

إن ظاهرة المنظمة المتعلمة تولدت من سياقات معرفية واتجاهات عالمية عديدة، أهمها:

**الأول:** مساعدة المنظمات على تحقيق المرونة في تبصر ـ ثقافتها وأداءاتها، وهذا يستدعي أن تكون النظم متعلمة حتى يتم التعامل مع التغيير كعملية مخططة وغير عشوائية.

**الثاني:** تحول النظم نحو العولمة والمنافسة العالمية، مما عزز الحاجة إلى تراكيب تنظيمية جديدة، وأساليب قيادية متطورة، وتعلم مستمر على مستوى الفرد العامل ومجموعة العاملين تمكنها من التعامل الفاعل مع ديناميات التغيير المنظمية في سبيل البقاء والتطور.

**الثالث** : تطور التقنيات المنظمية مما أدى إلى تغيير في تركيب وبناء المنظمات بحيث أصبحت أكثر تسطحاً وانسيابية.

**الرابع:** تمكين النظم من التعامل مع عصر ما بعد الحداثة عبر مراعاة ما يأتي:

- بناء شبكي يعتمد على قوى عاملة متعددة المهارات.
- تقسيم غير رسمي للعمل.
- علاقات عمل تتسم بالثقة العالية.
- توفر تكنولوجيا معلومات واتصالات متقدمة (Wilkins, 2002).

يتضح مما سبق أن فكرة المنظمة المتعلمة تأثرت بأدبيات المجتمع المتعلم واقتصاد المعرفة والتعلم المنظمي والتطوير المهني، وان نقطة الانطلاق في كل تلك الأفكار أن هناك "تغيراً" مستمراً تتطلب مواجهته تعلماً مستمراً (عطاري وعيسان،2003). إن المنظمة المتعلمة أو الذكية كوجهة نظر حديثة، تدعو إلى نقلة أساسية في الطريقة التي تدار بها المنظمات مع الأخذ في الاعتبار التعليم والتدريب والتنمية. فهي مدخل أو نظام أريد به زيادة الذكاء في المنظمة مع استعدادها للقبول والترحيب بالنقد مما يكسب المنظمة المقدرة على التعامل الإيجابي مع التغيير.

يمكن استخلاص الخصائص الآتية للمنظمة المتعلمة:

- وجود رؤية مشتركة.
- مقدرة المنظمة على التعلم تماماً مثل مقدرة الأفراد على التعلم.

- شمولية التعلم على مستوى الأفراد والمجموعات والمنظمة ككل.

- ممارسات ذكية للمديرين ولفرق العمل وللأفراد.

- توفر مناخ منظمي منفتح .

- توفر فرص تعلم مستمرة.

- توجه نحو الاستقصاء والحوار.

- تشجع التشارك وتعلم الفريق.

- توجد فرصاً لاقتناص التعلم ونشره في المنظمة.

- تساعد العاملين على التشارك في الرؤية والعمل.

- المنظمة المتعلمة على تواصل دائم مع بيئتها.

- القرارات في المنظمة المتعلمة أكثر تبصراً، وتتم عند مستوياتها الأمثل.

- تكامل الأداءات في المنظمة المتعلمة.

- يسود المنظمة المتعلمة نظام اتصالات فعال يضمن انسياب المعرفة والمعلومات.

- ذات هيكل تنظيمي مرن ومسطح.

- تستخدم أسلوباً منظماً لحل المشكلات.

- تطبق المبدأ التجريبي.

- تتعلم من التجارب الذاتية.

- تتعلم من تجارب الآخرين.

- معنية بالإفادة من المعرفة ونقلها (عبابنة, 2007).

يمكن تصور المنظمة المتعلمة وخصائصها المشار إليها أعلاه عبر اختصارها بالأنموذج الأميبي المبني على أساس أفكار سينجي، كما في الشكل (5):

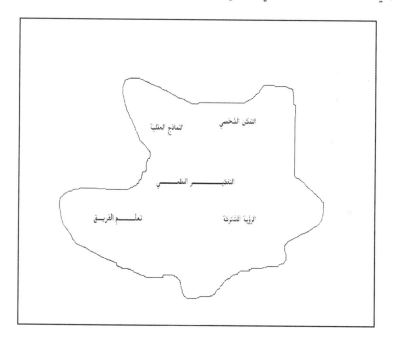

شكل (5) : الأنموذج الأميبي للمنظمة الحديثة (عبابنة,2007)

إن المنظمة المتعلمة وفي إطار ما تم تناوله مفهوم واعد فيه الكثير مـن الإمكانيـات مـن حيث إن:

● المنظمة المتعلمة تشجع أعضاءها على صقل مهاراتهم والإفادة من خبراتهم الذاتية وخبرة غيرهم سواء كانت ايجابية أم سلبية. وهـي تـثمن مهـارات وقيم الجميع

فتُعامل كل الآراء على قدم المساواة وباحترام، مما يحفز على مزيد من الانجاز، ويشجع على التفكير الحر، ويساعد على توليد حلول جديدة للمشكلات، مما يزيد من الرضا الوظيفي.

- يتعلم العاملون في المنظمة المتعلمة مهارات ويكتسبون معرفة تتجاوز المتطلبات الخاصة بعملهم، مما يجعلهم يثمنون أدوار ومهام الآخرين، كما يمكنهم ذلك من أداء أدوار ومهام تنسيقية أخرى غير تلك التي تقع ضمن اختصاصاتهم.

- يتوفر في المنظمة المتعلمة مجال لتجريب الأفكار الجديدة , دون الإصابة برهاب الخطأ, لأنه ينظر إلى كل خبرة جديدة أنها فرصة للتعلم.

- تُنمي المنظمة المتعلمة التفاعل الاجتماعي ومهارات الاتصال بين الأشخاص، مما يوفر جوا من الانفتاح والثقة وتشاطر الأفكار, تنساب فيه المعلومات والمعرفة بشكل حر مما يؤدي إلى زيادة الإنتاجية. ومع مرور الوقت يتوافر للمنظمة مخزون من الخبرة والمعرفة يمكنها من مواجهة الظروف المستجدة والتخطيط للمستقبل, أي أن المنظمة المتعلمة تستثمر في المستقبل, وهذا يتماشى مع الاتجاهات الحالية في التحول إلى عصر الاقتصاد المعرفي, حيث ستعتمد المنظمة على المعرفة وليس فقط على الأصول المادية, أي أن عامل المعرفة سيكون الأكثر أهمية, وبذلك ستختفي ثقافة المنظمة المعتمدة على المركز والهرمية, وتحل محلها ثقافة المنظمة المعتمدة على تعلم العاملين ومهاراتهم.

- المنظمة المتعلمة تتكيف مع البيئة، وتلتقط إشارات التنبيه الوليدة التي تشير إلى الأنماط والاتجاهات المتغيرة أو التي في طريقها للتطور والتغيير، وتبحث

عن طرق فهمها ورؤيتها في سياقها الأوسع, لأنه بالرؤيـة والتفكـير بطـرق جديـدة يمكن تصور وإيجاد إمكانيات جديدة. هذا العمل يتجاوز مجرد جمع ومعالجـة المعلومات؛ إذ لا بد من النظرة الثاقبة الحكيمة. وهذا من شانه أن يجعل المنظمـة المتعلمة ماهرة في تحطيم الحـدود التـي تفصلهـا عـن بيئتهـا لتشـتبك مـع البيئـة وتختبرها.

إن التعلم في المنظمة المتعلمة هنا يتجاوز الشكل البسيط من جمع المعلومات واستخدام التكنولوجيا إلى استخدام العقل الإنساني وجهازه العصبي ؛ فالمنظمة المتعلمة كالعقل البشري تغير عمليا البيئة التي توجـد فيهـا(عطـاري وعيسـان, 2003), ولهـا تصـورها في التعامـل مـع المنظمات، حيث يتم تطوير المنظمـات باعتمـاد إسـتراتيجية إعـادة تشـكيل الثقافـة المنظميـة، وليس بإستراتيجية إعادة التركيب، بمعنى أنها تشكل تحدياً للمنظمة لاستخدام المعرفة في وضع الاستراتيجيات المستقبلية، وتحقيق الأهداف المتغيرة بكل كفاءة واقتدار.


**مقارنة بين التعلم المنظمي والمنظمة المتعلمة**

بعد عرض مفهومي التعلم المنظمي والمنظمة المتعلمة وبعض الجوانب المرتبطة بهما، يلاحظ وجود درجة من التشابه بينهما، مثل التأكيد على أهميـة وحيويـة الـتعلم، وأن الأفراد وما يملكون من مهارات وخبرات هم العامل الأساسي في تفوق المنظمة، ويعد الـتعلم المنظمـي مقدمة وشرط سابق ودائم لتكوين المنظمة المتعلمة، ومع ذلك يمكن استخلاص مجموعـة مـن الفروق بينهما ، والجدول (3) يوضح أهم هذه الفروق كما وردت في الأدب التربوي.

جدول (3) الفروق بين التعلم المنظمي والمنظمة المتعلمة

| الرقم | التعلم المنظمي (OL) | المنظمة المتعلمة (LO) |
|---|---|---|
| 1 | يخدم قضايا تعيشها المنظمة. | منظمة تسعى لإثراء تعلمها لتفيد منه في إعادة صياغة ذاتها ومسايرة المستجدات. |
| 2 | خبرات التعلم الجمعية المستخدمة لكسب المعرفة وتطوير المهارات. | المنظمة التي تظهر خصائص التعلم والتكيف المستمر. |
| 3 | يرتبط بالأساليب والطرق والعمليات المستخدمة في التعلم الجماعي. | تتفوق في عملية التعلم المتطورة والمنتظمة والجماعية. |
| 4 | يعبر عن عملية التعلم ومجموعة التصرفات المرتبطة بها، أي كيفية حدوث التعلم وآليته (How) أي يساعد على إيجاد منظمات التعلم. | تعبر عن وجود كينونة المنظمة التي تسعى للتعلم مما يتطلب حصر بيئة التعلم وما يتم تعلمه كوحدة واحدة (What). |
| 5 | يعبر عن وجهة نظر الأكاديميين. | تعبر عن الطابع العملي التطبيقي وتمثل وجهة نظر الممارسين. |
| 6 | العملية التي تستخدمها المنظمة لبناء المعرفة أو إعادة بناء المعرفة الموجودة. | هي إدارة التعلم لتحسين أداء المدرسة (تحصيل الطلبة). |
| 7 | عمليات موجودة تتم ممارستها. | مفهوم مثالي لا يمكن الوصول إليه. |
| 8 | خصائص وعمليات منظمية. | شكل منظمي. |
| 9 | مفهوم وصفي. | مفهوم معياري. |

Source (Yang *et al.* 2004; 2004 أيوب، ; Imants, 2003; Ortenblad, 2001)

مراجع الفصل الثاني

القرآن الكريم.

- إبراهيم، لينا "محمد وفا".(2005). واقع تدريس العلوم في المدارس الأساسية الأولى وسبل تطويره في ضوء الاتجاهات العلمية المعاصرة في التربية العلمية، أطروحة دكتوراه غير منشورة، جامعة عمان العربية للدراسات العليا،عمان ،الأردن.

- أيوب، ناديا حبيب. (2004). دور ممارسة التعلم المنظمي في مساندة التغيير الاستراتيجي في المنشآت السعودية الكبرى، دورية الإدارة العامة، 44 (1)، 63-134 ،الرياض ،المملكة العربية السعودية.

- توماسيللو، ميشيل (2006). الثقافة والمعرفة البشرية، ترجمة شوقي جلال، الكويت، سلسلة عالم المعرفة، كتاب رقم 328.

- درة، عبد الباري إبراهيم.(2004). المنظمة الساعية للتعلم، رسالة المعلم، (43) 2، 60-63، عمان، الأردن.

- سويدان، طارق .(2002). المنظمة المتعلمة: كيف يتعلم الإنسان؟ وكيف تتعلم المنظمات؟ بيروت: دار ابن حزم.

- عبابنة, صالح احمد أمين (2007). المدرسة الأردنية كمنظمة متعلمة :الواقع والتطلعات. أطروحة دكتوراه غير منشورة, الجامعة الأردنية, عمان, الأردن.

- عبابنة, صالح احمد أمين والطويل, هاني عبدالرحمن(2009). درجة ممارسة العاملين في مدارس وزارة التربية والتعليم في الأردن لضوابط المنظمة المتعلمة حسب إطار سينجي:أنموذج مقترح, بحث مقبول للنشر, مجلة دراسات, الجامعة الأردنية.

- عطاري، عارف توفيق وعيسان، صالحة عبد الله .(2003). المدرسة المتعلمة بوصفها أحد بدائل التعلم الحديثة ، ندوة أنماط التعليم الحديثة، جامعة السلطان قابوس واتحاد الجامعات العربية.

- علي، نبيل وحجازي، نادية. (2005). الفجوة الرقمية: رؤية عربية لمجتمع المعرفة.الكويت, سلسلة عالم المعرفة، كتاب رقم 318.

- قطامي، يوسف.(2005). علم النفس التربوي والتفكير، الطبعة الأولى، عمان: دار حنين للنشر والتوزيع.

- وزارة التعليم العالي السعودية .(2002). مشروع تنمية قدرات أعضاء هيئة التدريس والقيادات ، متوفر على الموقع الالكتروني:

  http://www.fldp.org/matrix%20-thirdcycle/P1/skils..doc

- هيجان، عبد الرحمن. (1998). التعلم المنظمي: مدخلاً لبناء المنظمات القابلة للتعلم. مجلة الإدارة العامة، 37 ( 4 )، 675- 712، الرياض ،المملكة العربية السعودية.

- النووي، يحيى بن شرف(د.ت). رياض الصالحين، بيروت: دار الفكر للطباعة والنشر والتوزيع.

- Agaoglu, E. (2006). The Reflection of the Learning Organization Concept to School of Education (Electronic Version). Turkish Online Journal of Distance Education, 7(1).

- Argyris, C. and Schon, D.A. (1978). Organizational Learning: A Theory of Action Perspective, London: Addison-Wesley.

- Endlik, N. (2001). An Investigation of the Nexus between Strategic Planning and Organizational Learning. Unpublished Doctoral Dissertation at Virginia Polytechnic Institute and State University, Virginia USA.

- Foil, M. and Lyles, M. (1985).Organizational Learning, Academy of Management Review, 10(4), Birmingham, USA.

- Garvin, D. (1993). Building Learning Organizations (Electronic Version). Harvard Business Review, 71 (4), pp78–91.

- Gunter, H. (1996). Appraisal and the School as a Learning Organization (Electronic Version). School Organization, 16(1).

- Hord, S. (1986). A Synthesis of Research on Organizational Collaboration, Educational Leadership, 43, 22-26, Baltimore, USA.

- Imants, J. (2003).Two Basic Mechanisms for Organizational Learning in Schools (Electronic Version).European Journal of Teacher Education, 26(3) 293-311.

- Jimenez, B. (2004). Organizational Climate and Organizational Learning in Schools.DAI-A 65(3).

- Leithwood, K. and Louis, K. (1998). Organizational Learning in Schools: An Introduction, in: K. Leithwood and K. Louis (Eds) Organizational Learning in Schools (Lisse, Swets and Zeitlinger), Netherlands.

- Lorinczi, J. (2004). Organizational Learning: A Holistic Approach. Unpublished thesis, Royal Roads University. Canada

- Ortenblad, A. (2002). A Typology of the Idea of Learning Organization (Electronic Version). Management Learning.33, 213-230.

- Pedler, M., Burgoyne, J., and Boydell, T. (1991).The learning company: A Strategy for sustainable development .New York: McGraw-Hill.

- Senge, P.M. (1990). The Fifth Discipline: The Art and Practice of the Learning Organization. Sydney: Random House.

- Senge, P.M. (1994). The Fifth Discipline Field Book: Strategies and Tools for Building a Learning Organization. New York, Doubleday.

- Senge, P., Cambron-McCabe, N., Lucas, T., Smith, B., Dutton, J., and Kleiner, A. (2000). Schools That Learn. New York, Doubleday.

- Sharman, C. (2005).Leadership and the learning organization. State University of New York Empire State College. AAT 1426664.

- Wilkins, R. (2002). Schools As Organizations: Some Contemporary Issues (Electronic Version). International Journal of Educational Management, 16(3)120-125.

# الفصل الثالث

# ضوابط

# المدرسة المتعلمة

**تمهيد :**

تسعى المنظمات إلى إحداث التغييرات اللازمة للتكيف مع التطورات العميقة التي تحدثها تحديات العولمة، والثورات المتلاحقة لتكنولوجيا المعلومات والاتصالات، حيث أصبح لزاماً على كل منظمة ترغب في البقاء، أو تريد زيادة في مقدرتها التنافسية؛ العمل سريعاً على تطوير أو تغيير ممارساتها ومسلماتها، وإعادة التفكير بكل أنشطتها؛ مثل هذه التحديات أدت إلى تبني المنظمات مفاهيم إدارية جديدة لجسر الفجوة بين ما هي عليه وما يجب أن تكونه، وأهم هذه المفاهيم التعلم المنظمي (Organizational Learning) (OL) والمنظمة المتعلمة (Learning Organization (LO). ويجمع العديد من المفكرين المعاصرين Arygris and Schon (1978)، وSenge (1990, 2000)، وFullan (1995) Leithwood and Louis (1998)، ودرة (2004)، وعلي وحجازي (2005)، Pang (2003, 2005)، وتوماسيللو (2006) على أن بقاء المنظمات ونجاحها في الظروف المعاصرة يعتمد على مقدرتها على التحول إلى منظمات متعلمة وممارسة التعلم المنظمي باستمرار، وأن يتصف مناخها الثقافي بالدينامية والمرونة والمقدرة على التكيف الفعال مع المتغيرات؛ مما يهيئ لها فرصاً أفضل للبقاء والتقدم والمنافسة، وتعد مقدرة أي منظمة على التعلم بصورة أفضل من منافسيها شرطاً أساسياً لزيادة مقدرتها على الاستجابة بصورة فعالة ومبتكرة للتغيرات البيئية، وتحقيق أهدافها بأعلى فاعلية ممكنة.

ومنذ عام (1990) أصبحت مفاهيم المنظمة المتعلمة والتعلم المنظمي تتزايد في ميادين الأعمال والصناعة، ثم امتدت إلى المنظمات التربوية، وأصبح ينظر إليها على أنها طوق النجاة المأمول لإصلاح التعليم والوصول إلى المجتمع المتعلم. ويعتقد

ايمانتز (2003) Imants بمقدرة التعلم المنظمي على إحداث التطوير المهني والتعلم المستمر لدى المعلمين والمجتمع المدرسي كله, مما يؤدي إلى تحسين مستمر في تعلم الطلبة. ويرى دوفور (1997) Dufour أن المدارس لا تستطيع تخريج طلبة دائمي التعلم ومتعاونين، دون أن يكون معلموهم يمتلكون هذه الخصائص، ويطالب براندت (2003) Brandt بأن تكون كل مدرسة في عالم اليوم منظمة متعلمة.

إن النقلة من التعليم إلى التعلم ثورة بكل المقاييس وعلى جميع الجبهات، وهي ثورة مختلفة ليست كباقي الثورات، فلا يقصد بها إصلاحا تربوياً، أو تطويراً تكنولوجياً، بل فلسفة اجتماعية شاملة تشعل الثورة في منظومة التربية بمستوياتها كافة، ثورة لا تهبط عليها من أعلى أو من خلال إطلاق الشعارات، وفرض التصورات، بل تنطلق من الفرد المتعلم الذي أصبح من واجبه أن يواصل تعلمه، ومن واجب الحكومات والمنظمات أن توفر بيئة اجتماعية زاخرة بفرص التعلم، ولا سبيل إلى ذلك إلا بأن تصبح هذه الحكومات والمنظمات هي الأخرى منظمات متعلمة (علي وحجازي, 2005).

## المدرسة المتعلمة

والمدرسة كمؤسسة اجتماعية، وقائدة لعملية التغيير المجتمعي؛ عليها التحرك لتصبح منظمة متعلمة. ومن هذا المنظور، فقد عد برايك وزملاؤه (1999) Bryk *et al.* التعلم المنظمي توجهاً عاماً للهيئة المدرسية نحو التجريب والإبداع، ويكمن نجاحه في مقدرة المدرسة على أداء المهمات بشكل جماعي، وفهم وتطبيق الأفكار الجديدة حول التعلم والتعليم.

إن ذروة مستويات الارتقاء المجتمعي تحقيق مجتمع التعلم، حيث يزخر المجتمع بكثير من المدخلات القادرة على التعلم ذاتيا، وذلك بعد أن أصبح الذكاء غير مقصور على الكائن البشري دون سواه، بل أصبحت خاصية الذكاء موزعة على الآلات والأدوات والنظم والمؤسسات، ومجتمع التعلم المنشود له ذكاؤه الجمعي، وذاكرته الجمعية، وشبكة أعصابه الجمعية، وله كذلك وعيه الجمعي المتمثل في حصاد معارفه ومدركاته وخبراته، بل له وعيه الجمعي الذي يعمل تحت طبقات متراكمة من القيم والمعتقدات والإيديولوجيات والأعراف (علي وحجازي، 2005 :22).إن تطوير المجتمعات المهنية المتعلمة هو أهم الطرق الواعدة لبناء مقدرات المعلمين وإيجاد ثقافة التغيير اللازمة للمدارس لتنهمك في التطوير المستمر، وينتج عن التعلم المدرسي: تغيير مفاهيمي وزيادة النشاط الذاتي والتأمل الناقد والإبداع وتجريب الاستراتيجيات الجديدة في التدريس (Hass, 2005) . كما ينتج عن التعلم المنظمي تحسن مستمر في مجالات عدة كالعمليات التي تجري، والمنتجات التي تنتج، والخدمات التي تقدم، وفي هياكل أعمال الأفراد ووظائفهم، وفرق العمل، والممارسات الإدارية، مما يؤدي بالتالي إلى نجاح المؤسسة، والتميز في أدائها (درة، 2004).

وتمتاز المجتمعات المدرسية المتعلمة بالخصائص الآتية:

- التشاركية في الأعراف والقيم.

- التركيز الجماعي على تعلم الطلبة.

- الحوار التأملي.

- عدم شخصنة الممارسة التربوية (Scribner et al., 1999) .

لقد أحدثت أفكار عالم الإدارة العامة بيتر سينجي (Peter Senge) ثورة في مفهوم المنظمة المتعلمة وخصوصاً كتابه "الضابط الخامس" (The Fifth Discipline) الـذي صـدر عـام (1990)، الذي عدته مجلة الأعمال لجامعة هارفارد (Harvard Business Review) عام (1997) مـن أهـم الكتب التطويرية في الإدارة خلال الخمس والسبعين سنة الأخيرة، وعدت سينجي أحد أهـم أربع وعشرين شخصيةً الأكثر تأثيراً في الإدارة خلال المائة سنة الأخيرة (Sparks, 2001)، وكتابـه " الضابط الخامس: الفـن والممارسة في المنظمة المتعلمة (The Fifth Discipline: The Art and Practice of The Learning Organization) الـذي صـدر عـام (1994)، وخصـص لتطبيـق أبعـاد سينجي الخمسة في المنظمات الإدارية، وكـذلك مؤلـف كتـاب (The Dance of Change: The Challenges to Sustaining Momentum in Learning Organizations) وصـدر عـام (1999). ثم قاد سينجي فريقاً من التربويين لإعداد كتاب ميداني تم فيه استعراض قصص متعددة للمدارس التي طبقت الضوابط الخمسة للمنظمة المتعلمة وأسماه "المدارس المتعلمة" (Schools That Learn) وصدر عام (2000).

إن مفهوم المنظمة المتعلمة يتضمن أربع صور, وهي:

- المفهوم القديم(Old Organizational Learning Perspective):ويركـز عـلى تخـزين المعرفة في ذاكرة المنظمة, وتطبيق هذه المعرفة في المستويات المختلفة.

- مفهوم التعلم في العمل(Learning at Work Perspective): ويركـز عـلى أن العـاملين يتعلمون في مواقع العمل.

- مفهوم مناخ التعلم(Learning Climate Perspective):ويركـز عـلى أن المنظمـة تـوفر المناخ المناسب لتسهيل تعلم العاملين.

● مفهوم بنيـة الـتعلم (Learning Structure Perspective): وهـي المنظمة التي يـدخل التعلم في كينونتها وبنيتها التركيبية, ويصبح الـتعلم المستمر لأفرادهـا سمة أساسية فيها (Ortenblad, 2002) .

## ضوابط سينجي للمنظمة المتعلمة

لقد حاول العديد من المفكرين وضـع ضـوابط أو مجالات أو أبعـاد أو معـايير للمنظمـة المتعلمـة، وتـم تطبيـق العديـد منهـا كممارسـات عمليـة في المـنظمات الإداريـة والصناعية والتعليمية المختلفة، وكانت الخطوة الرائدة في تطوير ضوابط المنظمة المتعلمة، وهو ما قدمه بيتر سينجي في كتابه " الضابط الخامس"السابق الذكر، حيث أطلق على هذه الضوابط اسم أساليب وطرائق ، وتعد هذه الضوابط الأساس الذي اعتمده مفكرون آخرون لوضع ضوابط للمنظمة المتعلمة . لقد أوضح سينجي الضوابط الخمسة الأساسية التي يجب أن تتوفر في أية منظمة لاعتبارها منظمة متعلمة، وهذه الضوابط هي(Senge, 1990, 2000):

التمكن الشخصي ـ (Personal Mastery)، والنماذج العقلية (Mental Models)، والرؤية المشتركة (Shared Vision)، وتعلم الفريق (Team Learning)، والتفكير النظمي Systems (Thinking)، الذي أسماه الضابط الخامس، كما يوضح ذلك (الشكل 6).

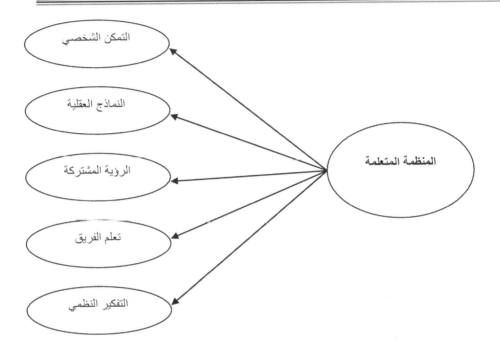

**شكل (6) ضوابط سينجي الخمسة للمنظمة المتعلمة**(عبابنة,2007)

أوضح سينجي وزملاؤه Senge *et al.* (2000) أن اتحاد هذه الضوابط يشكل برنامج الممارسة الطويل الأمد للأفراد والجماعات وللمدرسة ككل، إذا كان هدفهم تحسين مقـدراتهم التعلميـة، وأشار إلى أن التعلم المنظمي المثالي يتحقق عندما يستغرق جميع العاملين في المدرسة باستمرار في زيادة مقدراتهم في تحقيق النتائج التي يرغبون فيهـا، ويمكـن إحـداث الـتعلم المـدرسي مـن خـلال الأنشـطة في ثلاثـة مسـتويات: وهـي غرفـة الصـف(Single-Loop Learning) والمدرسـة (Double-Loop Learning) والمجتمـع المحـلي للمدرسـة(Triple-Loop Learning) . هـذا المنحـى سمح للتربويين وصناع السياسات لرؤية المدارس كمجتمع متعلم، وليس عـبر النظـرة التقليديـة تلاميذ يتعلمون المنهاج المدرسي. ولكن تحتاج المنظمة أو المجتمع أن تتعلم

لتصبح أكثر ذكاءً في كيفية عملها، ومواجهة التحديات التي تواجهها، حيث يحركها التعلم نحو التطوير المستمر.

وحدد بدلر وزميلاه Pedler *et.al.*(1991) أحد عشر بعداً للمنظمة المتعلمة، وهي: وجود خطة إستراتيجية للتعلم، والمشاركة الجماعية في وضع السياسات، والمشاركة في صنع المعلومات وتوزيعها، والتقويم والضبط المستمرين، والتغيير الداخلي المستمر، ووجود نظام مرن للمكافآت، وتفويض الصلاحيات، وعدم وجود حدود مهنية للعاملين، والتعلم الجماعي، وتوفير مناخ ملائم للتعلم، والسعي المستمر للتطوير المهني الشخصي. ووضعت كل من واتكنز ومارسك (Watkins and Marsick) عامي (1993 و1996) سبعة أبعاد للمنظمة المتعلمة وهي: التعلم المستمر، والاستقصاء والحوار، وتعلم الفريق، والتفويض، والنظام المفتوح، وربط المنظمة بالبيئة الخارجية، ووجود القائد الاستراتيجي. وعد غوه Goh(1998) المنظمات المتعلمة هي التي تبني خمسة مكونات إستراتيجية هي: وضوح ودعم رؤية ورسالة المنظمة، والقيادة المشتركة والتمكين، والثقافة التي تشجع التجريب، والمقدرة على نقل المعرفة إلى داخل المنظمة، والعمل التشاركي وروح الفريق، وحتى تستطيع المنظمة بناء هذه المكونات الإستراتيجية لا بد من توفر شرطين : التصميم المنظمي الفاعل، وتوفر المهارات والكفايات اللازمة عند العاملين لأداء هذه المهام والأدوار. وعدت سيلينز وزارنز وملفورد Silins, Zarins and Mulford (2002) من مقاطعة جنوب استراليا وتسمانيا، أن المدرسة المتعلمة مدرسة تتوافر فيها الضوابط السبعة الآتية: تطبيق عمليات المسح البيئي المستمر، وتطوير أهداف مشتركة، وتوفير تعليم تشاركي وبيئات تعلمية مناسبة، وتشجيع المبادرات وركوب المخاطر، والمراجعة المنتظمة لجميع الممارسات المرتبطة بالعمل المدرسي والمؤثرة فيه، وتعرف الأداء الجيد وتعزيزه، وتوفير فرص النمو المهني المستمر للعاملين.

يُلاحظ أن معظم هذه الضوابط متضمنة في الضوابط التي وضعها سينجي، أو مُشْتقة منها، ولذلك فان معظم الدراسات التي ناقشت المدارس كمنظمات متعلمة استخدمت ضوابط سينجي.

## ضوابط المدرسة المتعلمة

نالت الضوابط الخمسة التي وضعها سينجي للمنظمة المتعلمة منذ عام (1990) قبولاً واسعاً عند مديري الأعمال وشرعوا في تطبيقها في منظماتهم، ويعرف سينجي (1990) Senge "مفهوم الضابط (Discipline) " بأنه مجموعة متكاملة من التقانات التي تعتمد المزاوجة بين النظرية والتطبيق في المنظمة، والمعنى القاموسي لكلمة(Discipline) هو الانضباط أو الحقل المعرفي، وأشار عطاري وعيسان (2003) إلى أن استخدام سينجي لهذا المصطلح"الضابط" كان مقصوداً لأن الانضباط يعني الالتزام والتركيز والممارسة، وعند مراجعة استخدامات هذا المصطلح في مجال المنظمات المتعلمة، وجد المؤلفان أنه يشير إلى معاني أخرى مثل: البعد والمكون والمجال والمعيار.

إن تطبيق الضوابط الخمسة لسينجي في المدارس مثال على تطبيقات هذه الأفكار، فكثيرا ما تساءل الإداريون لماذا لا تستطيع المدرسة إحداث التغيير المطلوب وعدد أفرادها لا يتعدى بضع مئات من الطلبة والمعلمين؟ أجاب سينجي عن مثل هذا التساؤل في مقابلة معه عندما قال: في المجال التربوي يجب التحرك ضد التيار السائد لتغيير النظم التربوية، نظراً لأن خلف كل نمط سلوكي تركيباً نظمياً، ومجموعة من العوامل التي تبدو غير مترابطة ولكنها تتفاعل معاً ، وقد تبدو منفصلة في المكان والزمان، ومن الصعب تحديد العلاقات بينها، إلا أن استخدام التفكير النظمي

يؤدي إلى الفهم الصحيح لها، وأن هناك نوعين من القوى المؤثرة تعيقان التغيير:المربون برفضهم لأي جديد، والآباء باعتقادهم أن الطريقة التي تعلموا بها وألفوها هي الفضلى. إن التغيير العميق لا يفرض ، وإنما يتم تبصره والتدرب عليه، ولا يمكن للحلول الفوقية إحداث التغيير المستمر والشامل لعدد كبير من المدارس، بل يجب تحرير قوى ومشاعر الأفراد وابتكاراتهم، وهذا ما لا يتم بالأوامر الفوقية المفروضة(Sparks, 2002).

ويفسر سينجي المحددات التي يعيشها التغيير أحيانا بان المنظمات تتجه بمرور الأيام إلى التصلب والجمود بتكوين مجموعة سلوكات وافتراضات راسخة حول العمل فيها، ويصبح العاملون في سجن من هذه العوائق، وحيث أن لكل منظمة تركيباً رسمياً وآخر غير رسمي، فإن التركيب غير الرسمي متغير مؤثر في تحديد الكثير من ما تستطيع المنظمة عمله رسمياً، كما يؤثر في كيفية حدوث التغيير من قبل جميع العاملين، لأن التركيب الرسمي لا يمكن تغييره بسهوله، وهو من مسؤوليات عدد قليل من الأفراد في المنظمة ممن هم في هرم السلطة الرسمي، بينما التركيب غير الرسمي يشكل قوىً أساسيةً ضاغطة ومؤثرة في عملية التغيير، ويشمل هذا التركيب جميع العاملين. لذا فإنه من الصعب الاكتفاء بسن القوانين التي تنص على إحداث التغيير، لان تجسيد التغيير يتجاوز البعد القانوني ويتطلب طرقاً جديدة من التفكير والتفاعل، بحيث ينطلق من داخل العاملين ومن الجزء غير المرئيSoftware لديهم أي من قناعاتهم ومسلماتهم ومن النماذج العقلية لديهم، وعندما يترعرع هذا التغيير ويتبلور فانه سيؤدي بالضرورة إلى تغيير في الهيكل الرسمي.

إن ضرورة التغلب على معيقات التغيير أصبح اليوم ضماناً لفاعلية النظم والمؤسسات, وفي النظم التربوية بشكل خاص لا يوجد بديل عن التوجه نحو التغيير

والابتكار واستمراريته كنهج في المدارس، ومن المهم عندما يجتمع العاملون معاً لمناقشة مشكلات في العمل أن يركزوا على التجديد وليس تثبيت الأمور، وتشجيع تبني الطموح الجماعي المشترك. أن أغلب العاملين في المؤسسات، ومنهم المعلمون والمديرون، منهمكون بالوصول إلى حلول للمشكلات اليومية، إنهم يقضون معظم أوقاتهم في محاولة استعادة التوازن في المؤسسة، هذا الانغماس في حل المشكلات اليومية يحول الانتباه عن ما هو مهم للتعامل مع المستقبل وإبداع طرق وممارسات جديدة. فالتجديد والابتكار يتضمنان توجيه الطاقات نحو إيجاد الأبدال المرغوب فيها، وإحداث تحول عميق في نمط الأداء وهذا ليس فرق لفظي فقط، بل يجب التخلص من الأشياء غير المرغوب فيها، ويحقق الابتكار أموراً جديدة ذات قيمة للمؤسسة. يحتاج التوجه نحو التغيير والابتكار إلى نماذج عقلية جديدة ينطلق منها المربون، فالنماذج العقلية هي الجزء الصامت أو الخفي لدى المربين الذي غالباً لا يتم اختباره، والمشكلة ليست في عدم وجود نماذج عقلية، لكن المشكلة هي في عدم اختبار هذه النماذج، لأننا لا نتبصر مثل هذه النماذج، ببساطة ما زلنا نرى العالم بطريقة معينة، دون الاعتراف بأنها ربما تكون خاطئة، وهذه مشكلة إنسانية عالمية. ولذلك فإن التغيير لا يحدث، إلا عندما يتم الانفتاح على وجهات نظر الآخرين لنرى الأشياء عبر أبدال مختلفة، ونشترك جميعا بحوارات حقيقية، والاستماع بعمق للذين يرون العالم بطريقة تختلف عن رؤيتنا له.

إن عدم حدوث التغيير في المدارس، بالرغم من وجود العديد من برامج إصلاح التعليم، ناجم عن غياب التفكير النظمي، والرؤى المشتركة، والعمل الجماعي، والوعي بالنماذج العقلية للعاملين داخل المدرسة، والتي تشكل جوهر الضوابط الخمسة للمنظمة المتعلمة. ويعد كتاب سينجي Senge في هذا المجال "المدارس المتعلمة" من أهم الكتب التطويرية في الإدارة التربوية التي صدرت خلال العقدين السابقين، حيث

يقول سينجي حول فكرة هذا الكتاب: لقد أصبح من الواضح أن المدارس لا تستطيع أن تصبح أكثر حيوية وتفوقاً، وأكثر مقدرة على الاحتفاظ بالتغيير من خلال إصدار الأوامر أو التمنيات، بل من خلال اتخاذ سبل التعلم المستمر نهجاً لها في العمل، وهذا يعني استغراق كل العاملين في النظام في ديمومة تعلمية في مسعى لتحقيق طموحاتهم، وبناء اهتماماتهم وتطوير مقدراتهم بشكل جماعي. إن المدارس الساعية للتعلم يتحول نمط العلاقات فيها بين المعلمين والآباء والتربويين ورجال الأعمال المحليين والإداريين والجمعيات المختلفة والأفراد داخل وخارج المدرسة من علاقات تقليدية إلى علاقات دعم وتعلم متبادلة بين جميع الأطراف المعنية بالعملية التربوية (Senge *et al.* 2000:5).

وفيما يلي عرض للضوابط الخمسة للمنظمة المتعلمة وصلتها بالمواقف المدرسية:

**أولاً: التمكن الشخصي**

ويعني المستوى العالي من الإتقان العلمي والاحتراف المهني، ويمكن الوصول إلى هذه الدرجة من الاحتراف المهني بتبني نهج التعلم المستمر، مما يجعل الفرد أكثر مقدرة على التحقيق الفاعل للأهداف المرغوب فيها. إن المنظمة تتعلم من خلال الأفراد القادرين على التعلم, وإن وجود أفراداً متعلمين لا يعني بالضرورة وجود تعلم منظمي, وشبه سينجي(1990) Senge ذلك بشد خيط من المطاط باتجاهين متعاكسين لأعلى وأسفل حيث يمثل الجانب العلوي الرؤية والطموح والطرف السفلي الواقع ويمثل الخيط الفجوة بينهما، وحتى لا يعود الخيط المطاطي إلى وضعه الأول لا بد من تثبيت الطرف العلوي والعمل على رفع المستوى السفلي لتقليل الفجوة من خلال التعلم المستمر مدى الحياة. فالعاملون في النظم المتعلمة لا يصلون أبداً إلى نهاية التعلم, فسقف التعلم مفتوح ولذلك فهم يدركون جهلهم وجوانب قصورهم, مما يولد لديهم

الثقة العالية بالنفس والعمل الدءوب على تقليل الفجوة الدينامية بين الرؤية الجماعية لهم وحقيقة ما أنجزوه, ويدركون جيداً تمكنهم ومقدراتهم ومحددات العمل وصراعاته الكامنة. ويجسد التمكن الشخصي ليس المقدرة على تحقيق النتائج فقط؛ بل التمكن من الطرق والأساليب اللازمة لتحقيق هذه النتائج أيضاً. إن الدور الرئيس للمعلمين في المدارس المتعلمة هو إعلاء تمكنهم وتعزيز مقدراتهم على تدارس المعرفة مع تلاميذهم داخل الصف وخارجه، وتجريب كل الطرق الممكنة لتسهيل تعلم تلاميذهم، لذا فإن تمكن المعلم في المبحث الذي يدرسه يرتبط بمقدرته على التعامل مع المدى الواسع للمعرفة، مما يؤكد على ضرورة توفير برامج تطوير مهني مناسبة لكل معلم، وتشجيع التعلم الفردي المستمر للمعلمين ودعمه (Pang, 2003).

إن تحقيق التمكن الشخصي يتطلب:

- أن يكون لدى المدرس إدراكاً واضحاً للواقع الحالي، بدون تحيز أو ضبابية في التصور، مما يسهل عليه رؤية القيود والمعوقات التي تعترض تحقيق الهدف.
- تغييراً في نمط التفكير، بحيث يستخدم العقل والحس والإحساس والحدس، ليرى الأشياء في إطارها الأوسع، ويدرك موقعه منها وصلته بها وتأثره بها وتأثيره فيها، وليدرك الترابطات والتقاطعات والتفاعلات والعلاقات بينها (عطاري وعيسان، 2003 ).

إن تفويض هيئة التدريس ومنحهم هامشاً مناسباً للمشاركة في إحداث التغييرات المناسبة في المدرسة, وتعزيز أفكارهم وتعميمها أمر حاسم في دعم التطور المهني للمعلمين كأفراد وللمدرسة ككل، ويمكن أن يضع الإداريون سياسات محددة لتعزيز التمكن الشخصي مثلاً يمكن دعوة المعلمين للتشارك في الخبرات العملية وفيما

درسوه في الكليات أو ورش العمل التي شاركوا فيها(Pang, 2003) . إن إيجاد تنسيق بين جهود التطوير المهني يساعد على تحديث مقدرات المعلمين وتجانسها ، وخاصةً إدماج المعلمين الجدد في السياق المدرسي، وبناء المعرفة والخبرة لديهم بمرور الوقت بطريقة متناغمة مع المعلمين السابقين.

## ثانياً: النماذج العقلية

وهي مجموعة الافتراضات والتعميمات والصور والخرائط الذهنية التي يحملها أفراد المنظمة وتؤثر إيجاباً أو سلباً على تصوراتهم، وهذه النماذج هي التي تشكل سلوكاتهم واداءاتهم عبر قناعاتهم، أو تحيزاتهم التي تتضمنها نماذجهم العقلية، ولتعرُّف النماذج العقلية للعاملين لا بد من اختبارها، وذلك بوضعهم في جو من الحوار المستمر لمختلف القضايا، وبخاصةً القضايا الخلافية، مما يؤدي إلى معرفة كيف يتصرف هؤلاء الأفراد في المواقف المختلفة، وإن الفشل في تعرف النماذج العقلية للعاملين يؤدي إلى الفشل في إيجاد التفكير النظمي في المؤسسة (Senge, 1990, 2000).

يركز هذا الضابط على تطوير وعي كل من العاملين بمواقفه ومدركاته وأنموذجه العقلي، ومواقف ومدركات ونماذج الآخرين في المدرسة، والإجابة عن التساؤل: لماذا يفسر ـ شخصان حدثاً واحداً بشكلين مختلفين؟ وبالرغم من أن معرفة النماذج العقلية يساعد في تحديد وتوضيح الأحداث الجارية في المدرسة، بالرغم من إن معظم النماذج العقلية في المدارس لا يمكن مناقشتها لكونها غير معلنة ومخفية، إلا أن من أهم الأمور في المدرسة المتعلمة اختبار هذه النماذج وكشفها، وتعرفها حتى يتم في النهاية تطوير المقدرة على أن يتحدث كل من العاملين بأمان لتعرفه وتفهمه لنماذج الآخرين. إن الهدف الرئيسي ـ لهذا الضابط هو إخراج الافتراضات العقلية والاتجاهات من الباطن

إلى السطح، بحيث يستطيع الأفراد اكتشاف وتعرف الفروق بينهم، والتعامل معها دون حـرج، وبأدنى مقدار من السلوكات الدفاعية (Pang, 2003).

ومن الأمثلة على النماذج العقلية السائدة في بعض المـدارس :قـد يـرى بعـض الإداريـين أن التغيير المدرسي يتطلب إنفاق المزيـد مـن الأمـوال، بيـنما المعلمـون مقتنعـون بـأن التلاميـذ لا يرغبون بالدراسة أصلاً، وأنهم مهما بذلوا من أموال وجهد معهم فهو مال وجهد لا فائدة منـه. وكذلك قد يحس الأب الذي لم يستطع الحصول على الثانوية العامة بالدونية من المعلمين، فـلا يسأل عن تعلم ابنه، بينما يعتقد المعلمون أن هذا الأب غير مهـتم بابنـه. وكـذلك فـان المعلـم الـذي درس طفـلاً معينـاً عـدة سـنوات مكنتـه مـن تطـوير فكـرة نمطيـة عنـه، دون أن ينتبـه للتغييرات التي أحدثها النضج الجسدي والعقلي لهذا الطالب والخبرات التي مر بهـا. إن وجـود مثل هذه النماذج العقلية المُقَوْلَبة تحد من مقدرة المدرسة على التغيـير والتفاعـل الفاعـل مـع مدخلاتها. إن الكثير من النماذج العقلية لدى البشر تتأثر سلباً بمجموعة من المشاعر والأوهـام, ومنها:

- أن اعتقاداتنا هي الصحيحة دائماً.
- أن الحقيقة واضحة.
- أن اعتقاداتنا تستند إلى بيانات حقيقية.
- أن البيانات التي نختارها هي البيانات الفضلى (Sparks, 2002) .

إن تحقيق درجة مناسبة من تجانس النماذج العقلية لدى مدخلات الـنظم البشر-ية يفـرض على الإداريين والمعلمين إجراء تحـول جـذري في نمـاذجهم الشخصـية في ضـوء البنـى المنظميـة

للمدرسة وأنماط العمليات والسلطة فيها، كما يجب عليهم تطوير سيناريوهات تؤكد على الحيوية بدلاً من الخمول، والمبادرة بدلاً من الاعتمادية، والمرونة بدلاً من الجمود، والتعاون بدلاً من التنافس، والانفتاح بدلاً من الانغلاق، والاستقصاء الديمقراطي بدلاً من الدكتاتورية(Pang, 2003). هذا بالرغم من أن أغلب الناس يمارسون المنطق الدفاعي لتجنب الإحراج أو التهديد، مما يؤدي إلى عدم انفتاحهم الذهني، علماً بأن استمرارية التباينات والاختلافات في النماذج العقلية قد تقود الأفراد أو المعلمين للعمل بشكل غير مناسب، وإذا لم يتم تحديث مقدرات المعلمين على تبصر نماذجهم العقلية وتحقيق التناغم بينها؛ فإن ممكنات النجاح تكون غير مشجعة. ولتجاوز ذلك لا بد من الانفتاح، لأن العمل في بيئة محوطة بالانفتاح الذهني والثقة والدعم والتشارك سيؤدي بالضرورة إلى توفير فرص أفضل لتحقيق الانسجام بين النماذج العقلية للعاملين, وبالتالي تناغمية اداءاتهم.

## ثالثاً: الرؤية المشتركة

وهي الصورة الجماعية لما ستكون عليه المنظمة في المستقبل، وتبدأ بما يقتنع به الفرد انه حقيقة، ثم يتم دمج الرؤى الفردية في اتجاه واحد يعبر عن الرؤية المشتركة للمنظمة، إن بناء الرؤية المشتركة يمثل قلب المنظمة المتعلمة وبوصلة الأداء فيها، إن وجود الرؤية الواضحة المشتركة يلهم ويوحد العاملين للعمل الجماعي، وإذا تم بناء الرؤية بشكل تشاركي، فان الأفراد سيكافحون من أجل تعلم ما يلزم لتحقيقها. وعندما تمتلك المنظمة رؤية مشتركة، ومستوى عالياً من التمكن الشخصي، تتولد قوة "التوتر الابتكاري"، وهي القوة التي تسوق التغيير إلى تجسير الفرق بين الرؤية المستقبلية والواقع الحالي، والذي يؤدي مع توافر التزام حقيقي وأخلاقي عند الأفراد إلى التحقيق المتميز والمتمايز لأهداف المنظمة.

إن الرؤية المشتركة تنبثق عن مجموعة من الأدوات والطرق للتعامل مع طموحات ورؤى جميع الأفراد في المدرسة وخارجها، وتبصرها من خلال حوار معمق مع الذات وكذلك مع الآخرين، ثم بلورة حس من العمل المشترك، وبناء تصور للمستقبل الذي يرغبون في تحقيقه معاً (Pang, 2003). وفي هذا الإطار يستطيع المعلمون والإداريون في المدارس العمل معاً للالتزام بتطوير صور مشتركة للمستقبل الذي يعملون لإيجاده، لأنه عندما تأتي الرؤية من أعلى أي من المستويات الإدارية العليا وتفرض على المعلمين في الصفوف يكون غالباً مصيرها الإهمال، وبخاصة عند حدوث الأزمات حيث تتوه الرؤى، لذا فإنه من الأجدى تشارك مدخلات المدرسة البشرية كافة من طلبة ومعلمين وإداريين للعمل معاً على تطوير الرؤية التي يرونها ضمن تبصر رغبات وطموحات المجتمع. وشدد سينجي وزملاؤه Senge *et al.* (2000) على ضرورة استخدام جميع سبل الاتصال والتواصل المتوفرة في المدرسة لنشر الرؤية المشتركة بين جميع مدخلات المدرسة، والإفادة من جميع التقنيات وبخاصة تكنولوجيا الحاسوب مثل غرف النقاش والبريد الالكتروني حيث يتحدث الأفراد بحرية وبلا محددات.

ويفترض أن تراعي عملية تطوير الرؤية المشتركة الكلية في المدرسة تطوير رؤية مشتركة فرعية في غرفة الصف تحظى بقبول الطلبة عبر مشاركتهم في بلورتها, وتعزيز إحساسهم بأن رأيهم مسموع ويحظى بالتقدير, وليس أن يطلب المعلم من التلاميذ أن يطوروا رؤية تستند إلى رغبة فوقية , كما يفترض أن توضح لهم السبل الإجرائية لتجسيد هذه الرؤية، ضمن مراعاة بذل جهد مقصود لتعرف حقيقة مقدراتهم على تحقيقها, وتبصر واحترام ومناقشة الأبدال الإجرائية التي يقترحونها.

**رابعاً: تعلم الفريق**

وهي عملية تنظيم وتطوير الإفادة من مقدرات مجموعة الأفراد الذين يعملون معاً لتحقيق النتائج التي يرغبون فيها، عبر ممكنات التعلم الفريقي فيما بينهم، أو اقتناص المعرفة من البيئة الخارجية ونشرها للجميع. ويعتمد نجاح تعلم الفريق على توافر الرؤية المشتركة وتحقيق التمكن المفهوماتي لهذه الرؤى لدى جميع أفراد الفريق. ويرى سينجي أن وحدة التعلم الأساسية في المنظمات المعاصرة هي الفريق وليس الأفراد، وإذا لم يستطع الأفراد تحييد افتراضاتهم والانخراط في حوار مستمر مع الآخرين فلن يستطيع هذا الفريق التعلم، ومن ثم لن تتعلم المنظمة ككل (Senge, 1990: 313).

يتضمن هذا الضابط (تعلم الفريق) تفاعل المجموعة لتشكيل مهارات التفكير الجمعي. إذ أن تعلم الفريق في جوهره هو الممارسات المصممة عبر الوقت لتشكيل تفكير الفريق ومن ثم أسلوب العمل الجماعي فيه؛ ليس معنى هذا أن يكون أعضاء الفريق متماثلين، بل ذوي ممارسات متناسقة، تستند إلى أساليب الحوار والمناقشة والتأمل الجماعي، وهنا قد تعمل مجموعات قيادية في النظام على تشكيل التفكير الجمعي. ووضع سينجي(1990) Senge ثلاثة شروط لنجاح مثل هذا الحوار:

- موضوعية جميع المشاركين وبخاصة في التعامل مع افتراضاتهم وعدم التحيز لها.
- أن يتعامل الجميع مع بعضهم كزملاء.
- أن يكون هناك منسق أو مقرر يدير الحوار.

إن ذكاء ومقدرة الفريق هو في حقيقته أكبر من ذكاءات ومقدرات المجموع الجبري لأفراده، وهذا من شأنه أن يعزز التعلم المتبادل بين أعضاء الفريق، حيث يتطور إدراك إلى أن كل فرد يحتاج إلى الآخرين لتحقيق هدف متبادل ومتفق عليه عبر تطوير مهاراتهم معاً، سواءً شمل ذلك المعلمين والآباء، أو أفراد المجتمع، أو المجموعات الأخرى التي تسعى لإنجاح التغيير المدرسي.

هناك ظروف مدرسية تساعد على نجاح العلاقة التعليمية التعلمية في المدرسة منها ضرورة توافر مناخ منظمي يتسم بالأمن والثقة والحوار المفتوح والوعي بالعوامل التي تسهل التلاقح المعرفي بين الأفراد أو بين الجماعات، وهذا يتطلب أن يثق الإداريون ليس فقط بالتزام المعلمين المهني وفاعليتهم، بل بمقدرتهم أيضاً على التعلم كأفراد وكفريق، مما يجعل المدرسة كلها مستعدة لإجراء التجديدات التربوية اللازمة(Senge *et al.*, 2000 ). "تعلم الفريق" مهارة جماعية يمكن تعلمها وترسيخها عبر توفير مديري المدارس للبيئات المناسبة التي يستطيع فيها الأفراد توضيح وجهات نظرهم قبل اتخاذ القرارات، وتوفير وسائل الاتصال والتواصل بأشكالها المتعددة لتقييم وتأمل الممارسات التربوية وتبادل الخبرات بين العاملين، مما يساعد على إيجاد الظروف المناسبة للعمل التعاوني والتشاركي مع الآخرين، والتعلم منهم، والتعلم معهم، وهذا من شأنه أن يعزز مفاهيم تعلم الفريق، ومن ثم تحسين الأداء المدرسي(Pang, 2003).

**خامساً: التفكير النظمي**

وهو مقدرة العاملين في المدرسة على فهم العلاقات الشبكية المعقدة والمعنقدة لجميع المكونات الفرعية للمدرسة وتفاعلاتها الدينامية، ويتضمن هذا المفهوم أن أي سلوك إنساني هو جزء من عملية نظامية اكبر، وأن الكل أكبر من مجرد مجموع

الأجزاء، وأن فهم الحدث يستلزم فهم شبكة علاقاته البينية ضمن شمولية مكونات النظام، فكل سلوك هو سبب ونتيجة في الوقت نفسه. ويرى سينجي (Senge 1990, 2000) أن التفكير النظمي هو أهم ضوابط المنظمة المتعلمة، وهو الإطار الـذي تعمـل ضمـنه باقـي الضـوابط، ويساعد على تجنب وضع الحلول المؤقتة والمجزأة للمشكلات في المنظمة، ويسمـح بحـدوث فهم أفضل لشبكة العلاقات بين وحدات المنظمة وأفرادها، مما يؤدي إلى إيجاد حلـول ناجعـة قابلة للتطبيق للمشكلات في الوقت الذي يضمن شمولية إحداث التغيير اللازم في كل المكونات الفرعية ذات العلاقة والانطلاق الأسلم نحو المستقبل. وعند محاولة حـل مشكلة مـا بطريقـة السبب والنتيجة غالبا ما يتم الانتباه إلى السـبب اللحظـي الظاهري, وبالتالي يكون التحسـن مؤقتاً ولحظياً ومكلفاً، وبالعكس عندما يتم فهم المشكلة بطريقة نظميـة؛ أي بـادراك شـبكة العلاقات المادية والمعنوية فان التحسن يكون أطول أثراً وأقـل تكلفـة, ولتحقيـق ذلـك يمكـن استخدام خرائط النظم التي توضح العناصر المفتاحية للنظم وكيف تعمل معاً. وغالباً مـا يـرى الإداريون المشكلة ثم يقتبسون من نظريات التعلم ما يناسبهم ويطبقونهـا في مـنظماتهم، مـما يؤدي إلى فشلهم في فهم دينامية النظام، ويقودهم إلى آليات اللوم والدفاع عن النفس وتعزيز المشكلات بدلا من حلها(عبابنة, 2007).

التفكير النظمي معني بتعزيـز المقـدرة عـلى فهـم امتـداد شبكة العلاقات المعقدة خـلال مجموعة من العوامل المنظميـة، فـلا يوجـد شيء في المدرسـة يعمـل وحـده. التفكير النظمـي يستوعب الموضوعات الأربعة السابقة، ويدمجها في جسم واحـد مـن النظريـة والتطبيـق، مـما يوجب على الإداريين والمعلمين رؤية المدرسة بهذا النموذج الذي يؤكد على ضرورة رؤية شـبكة العلاقات البينية أكثر من رؤية علاقة سبب ونتيجة، وان التغيير التربوي ليس عملية تصليحات وترميمات لحظية ومحدودة لمواقع دون غيرها، بل هو عملية

تغيير ديناميةِ شاملة ومترابطة للنظام التربوي كله، مما يساعد على ضمان صنع القرارات التربوية الرشيدة.

ومن هنا فان التفكير النظمي يستند إلى:

1. تبصر طبيعة العلاقات الداخلية والتركيز عليها، وليس النظر إلى سلسلة العلاقات السببية فقط.

2. تبصر عمليات التغير أكثر من النظر إلى العمليات واللقطات الفجائية.

يتعلم الناس في التفكير النظمي الفهم الأفضل لشبكة العلاقات المتبادلة، وبذلك يستطيعون التعامل بفاعلية مع القوى التي تشكل سلوك الأفراد، ويعتمد التفكير النظمي على النمو في الإطار النظري للسلوك، والتغذية الراجعة مما يقود إلى النمو أو والاستقرار الديناميي للنظام عبر الزمن (Senge, 1990).

ينظر التفكير النظمي للمشكلات التي تحدث في المنظمة على أنها الجزء الظاهر من جبل الجليد، وخلف كل نمط من السلوك تركيب نظمي لا مرئي وغير مادي يستند إلى مجموعة من العوامل التي تتفاعل معا بغض النظر عن الوقت والمكان الذي حدثت فيه, ومع أن تبصر شبكة العلاقات وفهمها ليس بالأمر السهل إلا إن لها أثراً عميقاً على السلوك، لأنها تكشف أبعاد شبكة علاقات القوى المؤثرة في الظاهرة أو المشكلة (Senge *et al.*, 2000:80). وقد وضح سينجي (Senge, 1990) أنموذجه في التفكير النظمي من خلال مجموعة من الاستعارات الرمزية، التي يفترض أن يدركها الإداريون حتى تترسخ في مدارسهم المفاهيم النظمية، وهي:

1. مشكلات اليوم تأتي من حلول الأمس.

2. كلما زاد الضغط على النظام التربوي تقهقر إلى الخلف.

3. ينمو السلوك للأفضل قبل أن ينمو للأسوأ.

4. الطرق السهلة غالباً ما تقود للخلف.

5. العلاج يمكن أن يكون أسوأ من المرض.

6. الحل الأسرع هو الأبطأ.

7. السبب والنتيجة ليسا مرتبطين بالمكان والزمان.

8. التغييرات الصغيرة قد تعطي نتائج كبيرة.

9. تستطيع الحصول على الطعام، ولكن لا تستطيع أكله دفعة واحدة.

10. قسمة الفيل الكبير إلى نصفين لا تعطي فيلين صغيرين.

11. لا مجال للوم.

إن العديد من القادة التربويين غير مدركين لجوهر شبكة العلاقات بين مكونات النظام التربوي نظراً لخلخلة فهمهم للاستعارات الرمزية السابقة لسينجي، وهذا يفسر بطء التحسن في تطبيق برامج التطوير التربوي أو أحياناً عدم حدوثه. إن التفكير النظمي هو الأساس والمدخل في فهم شبكة العلاقات والتفاعلات في النظم التربوية الديناميية المعقدة(عبابنة, 2007). هذا التفكير يتطلب قادة يستطيعون رؤية كل مدرسة كمنظمة معقدة بمكوناتها المنفصلة، ويجعلهم قادرين على اتخاذ القرارات

الرشـيدة المرتبطـة بتحسـين الأداء التربـوي، وهكـذا يصبح التفكـير النظمـي مـن صـلب العملية التربوية, ومن متطلبات فاعليتها.

إن النماذج العقلية النظمية تؤثر في إدراك أنماط العلاقات بين أجزاء النظام وكيفية تفاعل مكوناته مع بعضها، وبين النظام وغيره من الأنظمة المزاملة له، ومن الطبيعي أن تـؤدي النماذج العقلية المختلفة إلى إدراكات مختلفة لماهية الأجزاء المكونة للنظام، ولكيفيـة تفاعلهـا. ومن أجل أن يحدث التعلم النظمي يجب أن تتوافر للأفراد في المنظمة إرادة واستعداد لجعل هذه النماذج منفتحة وقابلة للحوار، عبر عرض نمـاذجهم العقليـة الفرديـة ومقابلتهـا ببعضها ومناقشة الاختلافات والتباينات بينها، ثم التقدم بتطوير إدراك مشترك عن ماهية النظام المعين (عطاري وعيسان، 2003).

هذه العملية هي في جوهرها عملية حوار بين النماذج العقلية بهـدف التقريـب بينهـا، وغالباً ما تسفر عن تطوير وبلورة رؤية مشتركة حول كيفية تفاعل مكونات النظام مع بعضها، وهذا من شأنه تعزيز تعلم الفريق والتعلم المنظمي عمومـاً. وحسب تعبير سينجي "إن التفكير النظمي جوهري للمنظمة المتعلمة لأنه يمثل إدراكاً جديداً للفرد وعالمه، إنه تحول مـن رؤية أنفسنا بمعزل عن العالم إلى رؤية أنفسنا جزءاً منه، مـن عـزو المشكلات إلى شخص أو جهـة بعيـدة إلى رؤية أعمالنا مسؤولة عـن المشكلات التـي نمـر بهـا" (Senge, 1990:81). إن تـوفر الضوابط الخمسة معاً يمثل برنامجاً دافعاً لإحداث تغيير نظمي مستمر يجعل من السهل بناء منظمات يعمل أفرادها باستمرار على توسيع مقدراتهم وتحقيـق النتائج التـي يرغبـون فيهـا، ويمكنهم من استحداث أنماط جديدة من التفكير يتبادلونها معا ويطلقون العنان لطموحـاتهم كي تنمو وتتبلور وتتجسد مع الحفاظ على ديمومة تعلم أفرادها كيف يتعلمون معـاً (Brunner et al.,1997).

يلاحظ مما سبق أن ضابطي التمكن الشخصي ـ والنماذج العقلية يبدو أثرهما على مستوى الأفراد العاملين في المنظمة، بينما الرؤى المشتركة وتعلم الفريق يكون أثرهما على مستوى الجماعات في المنظمة، أما التفكير النظمي فهو اللغة التي يستخدمها جميع العاملين لتحليل القضايا والعمليات والتغذية الراجعة والمشكلات والعلاقات بين العناصر المختلفة داخل المنظمة وخارجها.

وعبر سميث (2003) Smith عن ضوابط المنظمة المتعلمة الخمسة لسينجي بالهرم الموضح في الشكل (7)

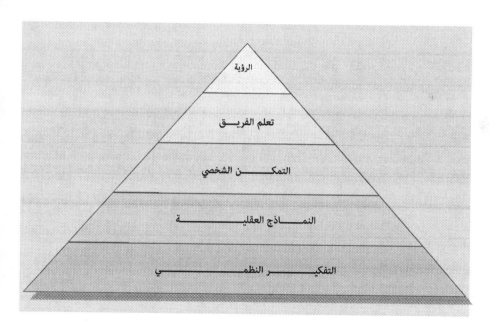

شكل (7) هرم الضوابط الخمسة للمنظمة المتعلمة (Smith, 2003)

فعد سميث (Smith(2003 التفكير النظمي قاعدة هذا الهرم, يليه النماذج العقلية, ثم التمكن الشخصي, ثم تعلم الفريق, وفي قمته الرؤية المشتركة.

## المدرسة المتعلمة والضوابط الخمسة

إن المدرسة المتعلمة تهدف إلى تحقيق التكامل بين جهود الهيئتين التدريسية والإدارية لإحداث التطوير المدرسي، بما توفره من انخراط الجميع بالتعلم والعمل لهدف واحد، والاستجابة المرنة للتغيرات المختلفة، والوصول إلى البنى غير المنظورة والكامنة في أعماق العاملين وما يختزنون من مكونات لا مرئية وغير مادية (Underhill, 2004).

إن تحول المدارس إلى منظمات متعلمة يتضمن التطوير المهني للمعلمين والإداريين بحيث لا يقتصر على كيفية تعلم المعلمين، بل يتعداه إلى الاهتمام بتطبيق المحتوى العلمي واستراتيجيات التدريس ومعرفة اتجاهاتهم نحو التلاميذ واعتقاداتهم نحو نموهم المهني، والعمل كفريق وتحقيق الشراكة الحقيقية في العمل (Cibulka et al.,2000) .

ويمكن القول إن تطبيق ضوابط المنظمة المتعلمة، يعد بحق نقلة نوعية في إدارة النظم بشكل عام، والنظم التربوية بشكل خاص، حيث إن المدارس تتعلم وتتطور من خلال نفسها، والأفراد الذين يعملون بها، ومن خلال التفاعل بين الخبرات الذاتية، والإفادة من خبرات المجتمعات التعليمية الأخرى، ضمن إطار من إدراك أن ما يؤخذ من المجتمعات الأخرى ليس بالضرورة قابلاً بتمامه للتطبيق في مجتمع آخر نظراً

لاختلاف الثقافة والقيم والمبادئ، مما يبرز أهمية دور تعلم المدرسة من داخلها ومشاركة أفرادها في هذه العملية التعلمية.

إن الثقافة المدرسية التي تشجع التعلم والنمو المهني للعاملين وتحافظ عليه سيترتب عليه بالتأكيد زيادة تحصيل الطلبة. علماً بأن تعلم الطلبة يكون أفضل إذا كان هذا التعلم ذا معنى لهم, وهذا الحال ينطبق على المنظمات؛ فالمدرسة تتعلم إذا كان هذا التعلم يحدث أثراً إيجابياً فيها.

## شواهد المدرسة المتعلمة

وهناك عشرة **شواهد** تحدد فيما إذا كانت المدرسة تعمل كمنظمة متعلمة أوضحها براندت (Brandt (2003 كما يلي:

- تمتلك المدرسة المتعلمة تركيب حافز يشجع التكيف المستمر مع المتغيرات الداخلية والخارجية, وقد يكون هذا الحافز ماديا أو معنويا .
- تمتلك المدرسة المتعلمة أهدافا مشتركة قابلة للتحقيق تتحدى مقدرات العاملين.
- تمتلك المدرسة المتعلمة عاملين قادرين على تحديد مرحلة التطور التي تمر بها مدارسهم.
- تمتلك المدرسة المتعلمة المقدرة على اقتناص المعرفة الجديدة ودمجها في السياق المدرسي بما يخدم أغراضها.

- تمتلك المدرسة المتعلمة قاعدة معرفية وعمليات تمكنها مـن إبـداع الأفكـار الجديـدة المناسبة لها.

- تحول المدرسة المتعلمة المعلومات المتوفرة لديها بطرق مختلفة بما يخدم مصالحها.

- تمتلك المدرسة المتعلمة المقدرة على الحصول عـلى التغذيـة الراجعـة لخريجيهـا مـن المجتمع وأولياء أمور الطلبة, وللخدمات التعليمية التعلمية التي تقدمها مـن الطلبـة أنفسهم, مما يستلزم توفر الانفتاح والثقة بالنفس .

- تمتلك المدرسة المتعلمة المقدرة على المراجعة المستمرة لعمليات التعليم والتعلم التي تتم فيها.

- تمتلك المدرسة المتعلمة ثقافة منظمية داعمة لتعلم الجميع: العاملين والطلبة.

- المدرسة المتعلمة هي نظام مفتوح حساس للبيئـة الخارجيـة, ومـا يحـدث فيهـا مـن تغيرات اجتماعية أو سياسية أو اقتصادية أو علمية.

# مراجع الفصل الثالث

- توماسيللو، ميشيل (2006). الثقافة والمعرفة البشرية، ترجمة شوقي جلال، الكويت، سلسلة عالم المعرفة، كتاب رقم 328.

- درة، عبد الباري إبراهيم.(2004). المنظمة الساعية للتعلم، رسالة المعلم، (43) 2، 60- 63، عمان، الأردن.

- عبابنة, صالح احمد أمين (2007). المدرسة الأردنية كمنظمة متعلمة :الواقع والتطلعات. أطروحة دكتوراه غير منشورة, الجامعة الأردنية, عمان, الأردن.

- عطاري، عارف توفيق وعيسان، صالحة عبد الله. (2003). المدرسة المتعلمة بوصفها أحد بدائل التعلم الحديثة ، ندوة أنماط التعليم الحديثة، جامعة السلطان قابوس واتحاد الجامعات العربية.

- علي، نبيل وحجازي، نادية. (2005). الفجوة الرقمية: رؤية عربية لمجتمع المعرفة.الكويت, سلسلة عالم المعرفة، كتاب رقم 318.

- Argyris, C. and Schon, D.A. (1978). Organizational Learning: A Theory of Action Perspective, London: Addison-Wesley.

- Brandt, R. (2003). Is This School a Learning Organization? 10 ways to tell (Electronic Version). Journal of staff Development, (24) 1, Illinois State Board of Education, USA..

-   Brunner, I. Davidson, and B.Mitchell, P. (1997). Celerated Schools as Learning Organization: Cases from the University of New Orleans Accelerated Schools Network. A Paper presented at the annual meeting of the American Educational Research Association (Chicago, March 24-28).

-   Bryk, A., Camburn, E. and Louis, K. (1999). Professional community in Chicago elementary schools: facilitating factors and organizational consequences, Educational Administration Quarterly, 35, 751–781.

-   Cibulka, J., Coursey, S., Nakayama, M.Price, J.Stewart, S. (2000). Schools as Learning Organizations: A Review of the literature. National Partnership for Excellence and Accountability in Teaching, Washington, DC.

-   Coe, M. A. (1998). Learning Organizations and the Innovative/ Effective Middle School. DAI-A 58/12, p. 4538.

-   Dufour, R.P. (1997). The School as a Learning Organization: Recommendations for School Improvement (Electronic Version). NASSP Bulltin, 81(588) n, 81-87.

-   Fullan, M. (1995). The School as Learning Organization: Distant dreams (Electronic Version). Theory into Practice, 34(4). 230 – 235, The Ohio State University, USA.

-   Imants, J. (2003).Two Basic Mechanisms for Organizational Learning in Schools (Electronic Version).European Journal of Teacher Education, 26(3) 293-311.

- Leithwood, K. and Louis, K. (1998). Organizational Learning in Schools: An Introduction, in: K. Leithwood and K. Louis (Eds) Organizational Learning in Schools (Lisse, Swets and Zeitlinger), Netherlands.

- Ortenblad, A. (2002). A Typology of the Idea of Learning Organization (Electronic Version). Management Learning.33, 213-230.

- Pang, K.N. (2003). Transforming Schools into Learning Organizations. The Hong Kong Institute of Educational Research and the Chinese University Press. Available at websites:

  http://qcrc.qef.org.hk/proposal/2003/2003-0755/2003-0755-P01-36726. pdf

  http://www.fed.cuhk.edu.hk/sdet/exp_share/qef/projectintro.pdf.

- Pang, K.N. (2005).Transforming Schools into Learning Organizations: Operationalization of Peter Senge's Framework. The Fifth International Conference on Knowledge, Culture and Change in Organizations, Greece, 19-22 July 2005.

- Pedler, M., Burgoyne, J., and Boydell, T. (1991).The learning company: A Strategy for sustainable development .New York: McGraw-Hill.

- Scribner, J., Sunday Cockrell, K., Cockrell, D. and Valentine, J. (1999). Creating Professional Communities in Schools through Organizational Learning: an evaluation of a school improvement process, Educational Administration Quarterly, 35, 130–160.

- Senge, P.M. (1990). The Fifth Discipline: The Art and Practice of the Learning Organization. Sydney: Random House.

- Senge, P.M. (1994). The Fifth Discipline Field Book: Strategies and Tools for Building a Learning Organization. New York, Doubleday.

- Senge, P., Cambron-McCabe, N., Lucas, T., Smith, B., Dutton, J., and Kleiner, A. (2000). Schools That Learn. New York, Doubleday.

- Smith, M.K. (2003). Peter Senge and the Learning Organization. E-Journal of Organizational Learning and Leadership, 2(1).

- Silins, H., Zarins, S., Mulford, B. (2002). What Characteristics and Processes Define A School as A Learning Organization? Is This a Useful Concept to Apply to Schools? (Electronic Version). International Education Journal, 3(1), South Australia.

- Sparks, D. (2002).Why Change Is So Challenging for Schools: An Interview With Peter Senge (Electronic Version). Journal of Stuff Development, 22(3), USA.

- Wilkins, R. (2002). Schools As Organizations: Some Contemporary Issues (Electronic Version). International Journal of Educational Management, 16(3)120-125.

# الفصل الرابع

## المتغيرات المدرسية التي تساعد

## في إنجاح التعلم المنظمي

**تمهيد:**

إن التعلم المنظمي في المدارس عملية جماعية إنسانية في أساسها, يتطلب نجاحها تطبيق مجموعة من التغييرات المدرسية, مثل:

1. توفير الوقت اللازم للمدرسين لتأمل عملهم معاً, مثل توفير وقت مجدول أسبوعياً.

2. توفير وسائل اتصال وتواصل فاعلة بين العاملين في المدرسة مثل الاجتماعات غير الرسمية والبريد الالكتروني.

3. التأكيد على سبل الحوار، والبحث عن الفهم العام، وفحص الفرضيات، والمشاركة في المعتقدات، وكل ما من شأنه أن يساعد على إيجاد أنماط جديدة من التعلم الجماعي، والبعد عن إصدار الأحكام المتسرعة.

4. التعلم في مجموعات صغيرة، حيث يمكن إثارة دافعية الأفراد للعمل والتطوير، وتعزيز المشاركة الانفعالية بين المدرسين (Lashway,1998).

في حين أشار سواناشين Suwannachin(2003) إلى ضرورة توافر ثمانية ظروف لتصبح المدرسة منظمة متعلمة, وهي: القيادة المدرسية, والتركيب المدرسي, والثقافة المدرسية, والمجتمع المدرسي, ورؤية المدرسة ورسالتها وأهدافها العامة, وعملية صناعة القرار فيها, وعمليات الاتصال والتفاعل المتوافرة في المدرسة, وأخيرا التسهيلات المدرسية والمصادر.

وأشار ولكنز (2002) Wilkins إلى أن المدرسة الناجحة يجب أن تحقق أربعة أبعاد, هي: بناء تشاركي شامل, وتوفر قنوات اتصال فعالة, وتطوير مهني شامل ومتكامل, وقيادة مرتكزة على التعلم. ويمكن أن تساعد العوامل الآتية في **تسريع** التعلم المنظمي في المدارس وحسب الترتيب:

1. القيادة المدرسيه.
2. الثقافة المدرسية.
3. التركيب المدرسي.
4. السياسات والمصادر (Leithwood and Louis, 1998 ).

وقد أشار ايمانتز (Imants, 2003) إلى أن الوصول إلى المدرسة المتعلمة يحتاج إلى توفر ظروف أخرى **تشجع** تعلم المعلمين في المدارس, وهي:

- تعاون المعلمين.
- التشارك بالسلطة والقوة.
- المساواة بين المعلمين.
- التباين والتحدي والاستقلالية وحرية الاختيار.
- وضوح أهداف المنظمة وطرق الحصول على التغذية الراجعة.
- التكامل بين الجانبين الإداري والتعليمي.

- سهولة الوصول إلى مصادر التعلم .

وقد أشار سيلينز وزميله ملفورد (2002) Silins and Mulford إلى أن النجاح في تحويل المدارس إلى منظمات متعلمة **يتوقف** على مجموعة من المتغيرات, وهي على الترتيب: توافر المصادر التي تساعد على التعلم, وتوافر خصائص القيادة التحويلية, ومقدار إحساس العاملين بالتقدير, ودرجة رضا العاملين عن القيادة, والتعاون مع المجتمع المحلي, وأخيرا درجة رضا الطلبة عن البيئة المدرسية.

لكن وفي جميع الأحوال ومع توافر كل المتغيرات فإن الانتقال من بيئة المدرسة التقليدية إلى بيئة المدرسة المتعلمة، يتضمن إحداث النقلات الآتية:

- من التعليم إلى التعلم.
- من الانعزالية في عمل المدرس إلى العمل الجماعي.
- من التركيز على النشاطات المدرسية إلى التركيز على النتائج.
- من الوقت المحدد للتعليم والتعلم إلى الوقت المرن حسب الحاجة.
- من التركيز على التعلم المتوسط لجميع الطلبة إلى التعلم الفردي حسب مقدرات الطلبة .
- من السلبية إلى الإيجابية.
- من المستوى التنظيري إلى المستوى الإجرائي التشاركي.

- من رابح واحد إلى الكل رابح (Folkman, 2004).

إن التعلم المنظمي يحدث على **مستويات**: الأفراد وفرق العمل والمدرسة ككل، وان هناك علاقة ايجابية بين مستوى التعلم المنظمي في المدرسة وكل من نمط القيادة والمناخ المنظمي السائد (Jimenez, 2004).

## القيادة في المنظمات المتعلمة

ناقش العديد من المفكرين مثل (1996) Senge و (2000) Zederayko و(2000) Taylor و (2005) Sharman أهمية دور القيادة في المدارس المتعلمة والتعلم المنظمي، وطالبوا بوجود نظرية جديدة للقيادة, وأكدوا على أن التعلم المنظمي الناجح في المدرسة يتطلب إعادة التفكير في دور القائد التربوي، بحيث ينظر إلى دور كل من المدير والمساعدين والمعلمين كأصحاب رسالة وكقادة تعليميين ومتعلمين مسئولين عن مساعدة المدرسة على تطوير مقدراتها لتحقيق هذه الرسالة. وأن يكون ترسيخ الرؤية المشتركة في البنى والمكونات المنظمية والحفاظ عليها جزءاً أساسياً من دورهم الجديد، وكذا العمل على اقتناص الفرص أثناء العمل لجمع ونشر المعلومات التي تعمل على ضبط سير الأداء المدرسي، وتطوير أشكالٍ من الحاكمية تدعم التعلم الجمعي.

ميز سينجي (1996) Senge بين ثلاثة أنواع من القادة يساهمون في بناء المنظمات المتعلمة، مرتبطين بثلاثة ظروف منظمية مختلفة، وهؤلاء القادة هم :

1. القادة الميدانيون أو الإجرائيون (Local line leaders) : وهم القادة المباشرون للوحدات التي يتكون منها النظام، ولديهم المقدرة على توفير التجارب لاختبار فرص التعلم الجديدة، والتي تقود إلى تحسين نتائج الأعمال.

2. القادة التنفيذيون أو القيادة الوسطى(Executive leaders): وهـم قـادة المسـتوى المتوسـط في المنظمات يوفرون الـدعم لمسـتوى القـادة الميـدانيين، ويطـورون ويعـززون بعـد تعلـم مدخلات البنى الإجرائية، عـن طريـق طـرح الأفكـار والاداءات المناسـبة وتحجـيم الأفكـار والأبدال غير المناسبة, ويقودون بالقدوة ثقافة التعلم في المنظمة.

3. القادة البناءون(Community builders): وهـم "قادة " لا يمثلـون بالضرـورة مواقـع رسـمية ومنتشرون في أرجاء النظام، وهم قادرون على التحرك بحرية في المنظمـة لتعـرف الـراغبين بإحـداث التغيـير، أو المسـاعدة في تـوفير التجـارب المنظميـة، والمسـاعدة في نشرـ الـتعلم الجديد, وتحركهم هذا نابع من انتمائهم للنظام الذي يعملون فيه.

وأوضح سينجي (1996) Senge أن عمل **مدير المدرسة كقائد** في المنظمة المتعلمة يتضمن قيامه بالأدوار الآتية:

- القائد كمخطط: على الرغم من صعوبة ملاحظة وظيفة التخطيط, إلا أن لها أكبر الأثر في عمل المنظمة, فالقائد ليس فقط هو الذي يصمم سياسات المنظمة واستراتيجياتها, ونظمها الفرعية, بل يتعدى ذلك إلى التخطيط لإيجاد التكامل والاندماج في تطبيق ضوابط المنظمة المتعلمة, وتفحص الأفكار والرؤى والنماذج العقلية للعاملين, وبناء رؤية مشتركة جديدة, وتوحيد إمكانيات العاملين لتحقيق أهداف المنظمة, وتصميم عمليات التعلم للعاملين داخل المؤسسة وخارجها.

- القائد كملهم: القائد هو مصدر الهام للعاملين, ودوره هذا يأتي من إدراكه وتمثله للرؤية الحالية والمستقبلية للمنظمة, والتزامه الدائم بهذه الرؤية, حتى تصبح أفعاله أكثر من أقواله, مما يثير في العاملين الحماس ويوقد في أنفسهم الدافعية للقيام بأعمالهم على أتم وجه.

• القائد كمعلم: القائد عنصر ثقفنة وتعليم للعاملين بقيامه بالممارسات العملية لما يدعوهم إليه, وتوفير القدوة لهم في ذلك, وعندما يتناقل العاملون قصص عبر العمل التي يقوم بها القائد, فإنها ستساهم في بلورة الرؤية العملية لهم, وتحفزهم على تحقيق أهداف المؤسسة. إن دور القائد كمعلم ومثقف وقدوة يتضمن أيضا تسهيل وتسريع تعلم العاملين بإحداثه التغييرات المنظمية اللازمة في تركيب المنظمة وهياكلها, وتطوير نظم الاتصال والتواصل بينهم, وتوفير فرص التعلم والنمو عبر معايشة الخبرات داخل المنظمة وخارجها.

إن **دور المدير** القائد حيوي وضروري أثناء التعلم المنظمي, وصولاً بالمدرسة إلى أن تصبح منظمة متعلمة. ولخص عطاري وعيسان (2003) دور المدير في تحويل المدرسة إلى منظمة متعلمة في المجالات الآتية:

• الرؤية والأهداف: سعي المدير القائد المتواصل ومثابرته لتوليد إجماع بين المدرسين والإداريين والفنيين والطلبة حول أولويات المدرسة وأهدافها مما يعطي إحساسا للجميع بوجود رؤية مشتركة وهدف عام يتطلعون لتحقيقه.

• الثقة: وذلك أن يشيع المدير القائد جواً من العناية والثقة بين أعضاء هيئة التدريس, وروح الاحترام والتفاعل مع الطلبة وإظهار إرادة التغيير.

• تصميم هيكل منظمي متميز: يسمح بالمشاركة في عملية صنع القرار, والتفويض, والقيادة التشاركية, وتشجيع استقلالية العاملين.

- توفير مناخ من الحفز الذهني: وذلك بتشجيع المدير القائد للعاملين على التفكير المزدوج والثلاثي (Double and Triple Loop Thinking), بما يحاولون تحقيقه وكيفية تحقيقه, وتوفير الفرص لهم للتعلم من بعضهم, والانهماك في عملية تعلم مستمر.

- توفير الدعم الفردي: وذلك بتقديم الدعم المعنوي للعاملين تقديرا لأعمالهم وأخذ آرائهم بعين الاعتبار في صناعة القرار.

- السمو في توقعات الأداء: وذلك ببلورة توقعات عالية ولكنها ممكنة التنفيذ من قبل العاملين.

هذه الخصائص التحويلية هي نقلة من الأنموذج البيروقراطي الآلي للقيادة المستند إلى السلطة والسيطرة إلى أنموذج مستند إلى المقدرة على العمل مع الآخرين وتمكينهم من العمل والتشارك. لعل القيادة التحويلية هي الأقرب إلى فكر سينجي للقيادة, فهي قادرة على إحداث التطوير المدرسي وزيادة تحصيل الطلبة من خلال تعزيزها للتعلم المنظمي، حيث تعمل على زيادة الفاعلية الجماعية للمعلمين, وتوضح الأهداف والرؤية المشتركة (Mulford *et al.* 2005) إن دور القيادة التحويلية هو تسريع قبول المجموعة للأهداف العامة للمدرسة، وتشجيع التفكير التأملي، وبناء أعراف واعتقادات جماعية(Cibulka *et al.* 2000).

وبالرغم من أن القيادة التحويلية تتضمن العديد من خصائص القائد في المنظمات المتعلمة إلا إن هيز وزملاؤه Hayes *et al.* (2004) أطلقوا على هذا النوع من القيادة اسم القيادة المنتجة Productive Leadership, التي تتضمن الخصائص الآتية:

- الالتزام بنشر الممارسات القيادية لدى جميع العاملين في المدرسة بحيث يصبح كل في موقعه قائد, واعتماد التشاركية في عملية صناعة القرار, والعمل على بناء رؤية عامة مشتركة.

- دعم العلاقات الاجتماعية بين العاملين وبين الطلبة.

- تحويل النظريات التربوية إلى استراتيجيات عمل داخل المدرسة, وربطها باهتمامات المجتمع خارجها.

- التركيز على استخدام استراتيجيات التدريس المناسبة لزيادة مخرجات تعلم الطلبة.

- التركيز على توفير التراكيب والاستراتيجيات التي تساعد في عمليات التطوير المنظمي اللازمة لتسيير عمل المدرسة.

أي أن **دور مدير** المدرسة كقائد في مجتمع متعلم يتلخص في أن يكون معلما وقائدا وملهما للتعلم, وهو دور مختلف عن دوره في المدارس التقليدية, فهو معني بتمكين المعلمين ليأخذوا أدوارا قيادية, وإيجاد الفرص لهم ليكونوا متعلمين ويساعدهم في الخروج من عزلتهم والانفتاح على الزملاء الآخرين, وتكوين الثقافة التشاركية بحيث تكون هي السائدة في المجتمع المدرسي.

أما **دور المعلم** في المدرسة كمجتمع متعلم فيتلخص في خروجه من عزلته وممارسة العمل الجماعي التشاركي مع الزملاء وفق رؤية مشتركة واحدة لتحقيق أعلى ما يمكن من تعلم الطلبة, وذلك بتبادل الممارسات التعليمية الناجحة فيما بين

المعلمين, والتأمل الجماعي والحوار الصريح والجريء وبالصوت المسموع لنتائج أعمالهم.

وتحتاج المدارس لتتعلم إلى توافر نظام اتصالات فعال بين العاملين فيها , يفيد من تكنولوجيا الاتصالات والحاسوب والانترنت العالمي, والإنترانت المدرسي, وأي تقنيات أخرى.

## صناعة القرار في المدارس المتعلمة

إن صناعة القرار تشكل لب العملية الإدارية، واتخاذ القرارات في المدارس ما زال من القمة إلى القاعدة، والقرارات التي تؤثر على جميع العاملين يشارك فيها عدد قليل من أعضاء أسرة المدرسة، مما يعرقل حدوث التغيير الفاعل في المدارس ويعرقل الوصول إلى الهدف الذي يتطلع إليه الجميع، ولذلك فإن طريقة صناعة القرارات في المدارس المتعلمة (أنظر الشكل 9) تختلف عنها في المدارس التقليدية (أنظر الشكل 8) (Butcher *et al.*, 2001) .

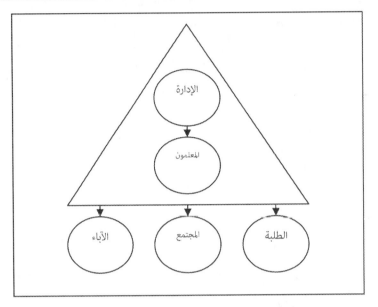

شكل (8) : طريقة صناعة القرار في المدارس التقليدية (Butcher *et al.*, 2001 )

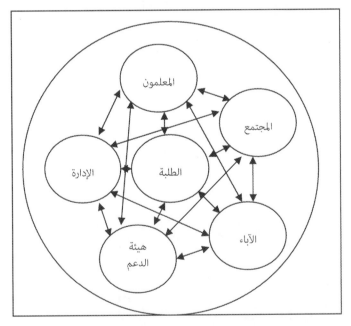

شكل ( 9 ) طريقة صناعة القرار في المدارس المتعلمة (Butcher *et al.*, 2001 )

يلاحظ من الشكل (8) أن مكونات النظام المدرسي منفصلة وأن القرار تتخذه الإدارة العليا، وهذا ما يفسر ضعف حدوث التغيير في المدارس وبقائها ساكنة وتقليدية، بينما يلاحظ من الشكل (9) أن مكونات النظام المدرسي متصلة بشبكة علاقات، وبينها تفاعل دينامي، وأن عملية صناعة القرار تشارك فيه جميع الأطراف المتأثرة به، وهذا ما يفسر سهولة حدوث تغيير فاعل في المدارس المتعلمة. ويمكن القول إن مقدرة أي نظام على البقاء والحفاظ على تكامله وتوازنه يتطلب أن يكون مستوى المعرفة الناتجة عنه مساوياً على الأقل لمستوى التغير الموجود في البيئة. ولأن المدرسة هي نظام مفتوح تتأثر بما يحدث حولها، فلا بد أن يتلاءم معدل التغير والتعلم فيها مع معدل التغير في البيئة. وهذا يتطلب أن تتم عملية التعلم بشكل دائم، وفي جميع المستويات الإدارية للحفاظ على كفاءة المدرسة وفعاليتها ومقدرتها على الاستمرار.

## المناخ المنظمي

إن توفر مناخ منظمي صحي يتسم بالانفتاح والثقة بين العاملين من العوامل التي تساعد على تكوين علاقات ايجابية بينهم, وتمكن من إحداث التعلم المنظمي والوصول إلى المجتمع المتعلم. باعتبار أن المناخ المنظمي المدرسي هو مجموعة الخصائص الداخلية التي تميز مدرسة عن أخرى, وتؤثر في سلوك أفرادها. وهي بذلك صفة شبه ثابتة في البيئة المدرسية, وتعتمد على التصورات والممارسات الجماعية للعاملين, ويمكنهم ملاحظتها, وغالبا ما يشير المناخ المنظمي إلى زوجين من المفاهيم: المناخ المنظمي المفتوح والمغلق, أو المناخ المنظمي الصحي وغير الصحي. ويتكون المناخ المنظمي من الأبعاد الآتية:

- نمط القيادة المدرسية.

- العلاقات بين العاملين (مدير/معلم) و (معلم/طالب).

- اتجاهات المعلمين نحو العمل في تلك المدرسة.

- والظروف البيئية المحيطة بالمدرسة مثل أولياء أمور الطلبة والمجتمع المحلي (Jimenez, 2004).

وبالتالي هناك اجماعٌ على أن توفر المناخ المنظمي الصحي شرط أساسي في المدارس يتم فيها التعلم المنظمي المناسب وصولاً بها إلى أن تصبح مدارس متعلمة.

# مراجع الفصل الرابع

- عطاري، عارف توفيق وعيسان، صالحة عبد الله. (2003). المدرسة المتعلمة بوصفها أحد بدائل التعلم الحديثة ، ندوة أنماط التعليم الحديثة، جامعة السلطان قابوس واتحاد الجامعات العربية.

- Butcher, G., Crispen, P., Epinal, d., and Griffen, C. (2001). The School as Learning Organization .Knowledge Management. EDC, 634,   Pepperdine University. Available at web site:

  http://netsquirrel.com/pepperdine/edc634/km/index.html

- Cibulka, J., Coursey, S., Nakayama, M.Price, J.Stewart, S. (2000). Schools as Learning Organizations: A Review of the literature. National Partnership for Excellence and Accountability in Teaching, Washington, DC.

- Folkman, D. (2004).Facilitating Organizational Learning and Transformation within a Public School Setting. Paper presented at the Midwest Research –to- Practice Conference in Adult, Continuing and Community Education, Indiana University, Indianapolis.

- Hayes, D., Christie, P., Mills, M. and Lingard, B. (2004). Productive leaders and productive leadership in Schools as learning organizations. Journal of Educational Administration,42 ( 5) ,pp520-538.

- Imants, J. (2003).Two Basic Mechanisms for Organizational Learning in Schools (Electronic Version).European Journal of Teacher Education, 26(3) 293-311.

- Jimenez, B. (2004). Organizational Climate and Organizational Learning in Schools.DAI-A 65(3).

- Lashway, L. (1998). Creating a Learning Organization, Eric publication ED420897.

- Leithwood, K. and Louis, K. (1998). Organizational Learning in Schools: An Introduction, in: K. Leithwood and K. Louis (Eds) Organizational Learning in Schools (Lisse, Swets and Zeitlinger), Netherlands.

- Mulford, W. Silins, H. Leithwood, K. (2005). Educational Leadership for Organizational Learning and Improved Student Outcomes. Book Review by N.g., C. Journal of EducationalAdministration.43 (3), 330-332.

- Senge, P.M. (1990). The Fifth Discipline: The Art and Practice of the Learning Organization. Sydney: Random House.

- Senge, P.M. (1994). The Fifth Discipline Field Book: Strategies and Tools for Building a Learning Organization. New York, Doubleday.

- Senge, P.M. (1996). Rethinking Leadership in the Learning Organization (Electronic Version). The Systems Thinker, 7(1)

- Sharman, C. (2005).Leadership and the learning organization. State University of New York Empire State College. AAT 1426664.

- Silins, H., Mulford, B. (2002).Schools as learning organizations: The case for system, teacher and student learning, Journal of Educational Administration, 40(5), 425-446.

- Suwannachin, C.(2003).Planning for a learning organization in a private vocational school in Thailand. DAI-A 63/09, p.3079.

- Taylor, J. L. (2000). The Effect of Peter Senge's Learning Organization Framework and Shared Leadership on A Stuff Development Model. DAI-A 60/07, p.2318.

- Wilkins, R. (2002). Schools As Organizations: Some Contemporary Issues (Electronic Version). International Journal of Educational Management, 16(3)120-125.

- Zederayko, G. E. (2000).Variables In Schools Becoming Learning Organizations. DAI-A 61/04, 1251.

# الفصل الخامس

## المدارس العربية كمنظمات متعلمة

## الأردن كأنموذج

**تمهيد:**

إن المؤسسات الأكاديمية والتربوية العربية تواجه تحديات داخلية وخارجية متنامية، تحديات تتمثل في الضغوط التي يمارسها المتعاملون الرئيسيون معها، وأهمهم الطلبة، وأولياء الأمور، ومؤسسات المجتمع المدني المختلفة، وكذلك ضغوط القوى السياسية والاجتماعية والاقتصادية والتكنولوجية، مما يفرض على تلك المؤسسات أن تصبح منظمات متعلمة؛ تتبنى فلسفة التعلم المستمر أو التعلم مدى الحياة.

إن العالم العربي يواجه تحدياً مزدوجا: تحدي إصلاح ما أفسده نظام تعليمه الرسمي, وتحدي التغيير الاستراتيجي للانتقال من التعليم إلى التعلم, وكلا التحديين يرتبط بالآخر ارتباطا وثيقا؛ فبالنسبة إلى الإصلاح العلاجي لا حل لمشاكل التعليم النظامي إلا بتعليم تعويضي- ومكمل من خلال التعليم غير النظامي. وبالنسبة إلى تحدي الانتقال من التعليم إلى التعلم, إذ لا أمل في تحقيق غايات التعلم ما بعد مراحل التعليم النظامي ما دام هذا التعليم يفرز نتاجا هشا, عازفاً عن مواصلة التعلم, كارهاً للمعرفة, غير مؤمن بجدوى التعليم والتعلم أصلاً, وعلى الرغم من هذا الترابط الوثيق بين التعليم والتعلم ما زالت إستراتيجية التعليم العربي تفصل بينهما (علي ونادیا حجازي, 2005) .

لقد تنبهت الدول العربية إلى الأهمية القصوى للتعليم في بناء مستقبل شعوبها, فعملت على نشر التعليم ومجانيته, ولكن بالرغم من هذه الجهود فما زالت نسب الأمية فيها من أعلى النسب في العالم, فعملت معظم الدول العربية على تفحص واقعها التعليمي, واعدت مشاريع للتطوير التربوي, ولتوضيح مثل هذه الجهود فيما يخص

تغيير ممارسات العاملين في المدارس, وقدرة مشاريع الإصلاح هذه على إيجاد "المدرسة المتعلمة" المدرسة التي نطمح إليها, نأخذ حالة الأردن كأنموذج.

## مشاريع التطوير التربوي في الأردن

لقد كان انعقاد المؤتمر الوطني الأول للتطوير التربوي في الأردن في أيلول من عام 1987 محاولة مبكرة للاستجابة لتحديات تلك الفترة، حيث تم وضع خطة إصلاح طموحة تكونت من مرحلتين مدة كل منهما خمس سنوات، وهما:

1. **المرحلة الأولى (1987-1993):** حيث تم التركيز على البعد الشمولي لمجالات التطوير التربوي المختلفة، إذ تم وضع السياسة التعليمية في الأردن للفترة المقبلة، وشملت: البنية التعليمية، والمناهج التربوية، والتقييم التربوي والامتحانات، والمعلم، والأبنية المدرسية، والتخطيط والإدارة التربوية، وتمويل التعليم.

2. **المرحلة الثانية (1993-1998):** حيث تم التركيز على أبعاد أكثر تخصصية وتجديدية، ومنها جعل المدرسة وحدة أساسية للتطوير التربوي والاجتماعي، ولتطبيق هذا الشعار فقد تم اعتماد مجموعة من الصيغ والإجراءات مثل: مدرسة المجتمع، وتجذير الممارسة الديمقراطية، وإنشاء المجالس المدرسية، والتخصصية المهنية، والانتماء الوطني والمهني، والنمو الذاتي للمدرسة، والأنشطة التربوية، والبيئة المدرسية، وشبكات المدارس (عماد الدين, 2004).

وما إن انتهت خطة التطوير التربوي السابقة، حتى كانت رياح ثورات تكنولوجيا المعلومات والاتصال، والعولمة، تفرض واقعاً جديداً، وتحدياً للأمم والشعوب، ومنها الأردن، حيث ساد اقتناع رسمي وشعبي بضرورة إعادة تشكيل النموذج التربوي،

واعتبار ذلك أولوية عليا. فقد شرعت وزارة التربية والتعليم ببناء رؤية مستقبلية للنظام التربوي في الأردن، ولتحقيق هذا الغرض تمت إقامة "منتدى التعليم في أردن المستقبل" في شهر أيلول من عام (2002)، وتوصل المشاركون إلى أن أفضل طرق تفعيل التغيير التربوي في الأردن للتعامل مع هذه التحديات هو السير نحو اقتصاد المعرفة، وكان من ملامح التغيير التربوي المنشود الارتقاء بوزارة التربية والتعليم لتصبح منظمة تعلم (وزارة التربية والتعليم، 2002).

وقد شرعت الوزارة بتطبيق مشروع متكامل للإصلاح التربوي، هو: مشروع التطوير التربوي نحو الاقتصاد المعرفي (Educational Reform for Knowledge Economy) (ERfKE)، وحظي هذا المشروع بدعم واضح من قبل القطاعات الرسمية والأهلية داخلياً، ومن الجهات المانحة خارجياً، والذي سيطبق على مرحلتين مدة كل منهما خمس سنوات، وتبلغ التكلفة الإجمالية للمرحلة الأولى (380) مليون دولار. وقد بدأت مرحلته الأولى منذ منتصف عام (2003)، وتتكون هذه المرحلة من أربعة مكونات رئيسية متداخلة ومستقلة، وهي:

1. إعادة توجيه الأهداف التخطيطية التربوية والإستراتيجية من خلال التطوير في مجال القيادة العليا والإدارة.

2. تغيير البرامج والممارسات التربوية لتحقق مخرجات تعليمية ترتبط بالاقتصاد المعرفي.

3. تحسين نوعية التجهيزات والمباني والمرافق المدرسية وتوفيرها لتهيئة ظروف التعلم المناسبة.

4. إيجاد الاستعداد للتعلم من خلال توفير التعليم المبكر في مرحلة الطفولة المبكرة (عماد الدين، 2004).

ومن الملاحظ أن المكون الثاني يتصدى للقضية المحورية في عملية التطوير التربوي(الممارسات المدرسية)، لأنه يتعامل مع طبيعة التعلم والتعليم، حيث يركز على: تطوير المناهج وقياس التعلم، والتنمية المهنية والتدريب، وتوفير المصادر لدعم التعلم الفاعل، ولكنه لم يشر إلى الإستراتيجيات والخطط اللازمة لتحويل المدرسة الأردنية إلى منظمة متعلمة كما ورد في الرؤية المستقبلية للنظام التربوي الأردني.

والسؤال الآن: هل استطاعت مشاريع التطوير والإصلاح السابقة والحالية إحداث تغييرات حقيقية ومستمرة في ممارسات المدرسة الأردنية لتجعلها قادرة على التعامل مع المتطلبات والتغيرات المجتمعية والعالمية الحاضرة والمستقبلية؟ بمعنى آخر هل حققت هذه الإصلاحات انتقال المدرسة من مدرسة تقليدية إلى مدرسة متعلمة؟

## واقع المدرسة الأردنية

يكاد يجمع الآباء والمربون على أن مخرجات النظام التعليمي الأردني ما زالت دون الطموح، ولم يلحظ المجتمع حدوث التطوير والتحسين المأمولين لممارسات ومخرجات هذا النظام، وعرض عمر الشيخ كما ورد في مساد وآخرين (1999) بعض سمات المدرسة الأردنية الحالية، وهي:

- محدودية التفاعل بين مدير المدرسة والمعلمين، فهو رسمي الطابع، وأحادي الاتجاه، وهـذا التفاعل يتسم غالباً بالتوتر والسلبية، مما يؤدي إلى هبوط الروح المعنوية وفتور العمل.

- محدودية التفاعل بين المعلمين أنفسهم فيما يتعلق بالتطوير المهنـي وتعلم التلاميـذ، ولا يتم على نحو منظم وهادف، وذلك بسبب غيـاب البنى المنظميـة في المدرسـة التـي مـن شأنها تعزيز الروابط المهنية بين المعلمين وترسيخ العمل التعاوني بينهم.

- العلاقات غير المريحة بين المدير والمعلمين من جهة، والطلبة من جهة أخرى، حيث يشعر الطلبـة بـأنهم مقيـدون في القـول والحركة، وأن الإدارة والمعلمـين لا يتفهمـون حاجـاتهم ومشاعرهم، في حين يرى المدير والمعلمون أن الكثير من تصرفات الطلبة غير مقبولة، وأنه يجب تصحيحها بالعقاب والثواب، مما نتج عنه تزايد حالات العنف المدرسي.

- العلاقات بين الطلبة غير مريحة، علاقاتهم تنافسية غير تعاونيـة، وغـير تشاركية، وتتسـم بـالعنف والعدوانيـة أحيانـاً، فهـم لا يشكلون مجتمعاً متماسكاً، وذلك بسبب اهتمام المدرسة الزائد بالتحصيل المعرفي للطلبة على حساب تنميتهم عاطفياً واجتماعياً.

ويخلص الشيخ إلى القول بان المدرسة الأردنية الحالية في حالة غـير مرضية، ولا تقدر عـلى مواجهة تحديات القرن الحادي والعشرين. وهنـاك صعوبة في انتقـال الإصلاح التربوي إلى المدرسة الأردنية، وخاصة إذا مـا تـم التأكيـد عـلى ضرورة تجاوز الكـم إلى الكيـف، وأصبحت المدرسة بمفهومها التقليدي المنحصر في التعليم غير قادرة

على الوفاء بما تتطلبه الحياة في عصر ـ متطور، ومن الملاحظ أن الإدارات المدرسية مشغولة بتسيير الأداء وليس تطويره.

إن الجدل الدائر حالياً في الساحة التربوية المحلية بين من يرون جدوى مشاريع التطوير التربوي، ومقدرتها على إحداث التغييرات اللازمة في المدارس لتمكينها من التعامل مع مستجدات العصر ممثلة بوزارة التربية والتعليم، والمنتقدين لهذه البرامج والمشاريع الذين يرون إن التغيير في المدارس ما زال محدوداً، ولا يتناسب مع الجهود الكبيرة المبذولة، ولا يتناسب وتكلفتها العالية التي يتحملها المجتمع(عبابنة والطويل, 2009). هذا الجدل استوجب البحث عن طريقة مناسبة لزيادة كفاءة وفاعلية مشاريع التطوير التربوي الحالية والمستقبلية، وتحقيق التميز والإتقان والجودة والإبداع في النظام التربوي الأردني. ومن هنا جاءت الدراسة التالية.

## دراسة: المدرسة الأردنية كمنظمة متعلمة

أجرى عبابنة (2007) دراسة * هدفت تعرف واقع درجة ممارسة العاملين (المعلمين والإداريين) في المدارس الأردنية الحكومية لضوابط المدرسة المتعلمة حسب إطار سينجي، وتطوير أنموذج لتحويل هذه المدارس إلى منظمات متعلمة، وذلك من خلال الإجابة عن مجموعة من الأسئلة سعت إلى تحديد درجة ممارسة العاملين في المدرسة الأردنية للضوابط الخمسة التي وضعها سينجي للمنظمة المتعلمة (التمكن الشخصي، والنماذج العقلية، والرؤية المشتركة، وتعلم الفريق، والتفكير النظمي).

---

* أطروحة دكتوراه بعنوان المدرسة الأردنية كمنظمة متعلمة: الواقع والتطلعات, إشراف الأستاذ الدكتور هاني عبد الرحمن الطويل, كلية العلوم التربوية, الجامعة الأردنية

, وفيما إذا كانت هناك فروق ذات دلالة إحصائية بين متوسطات إجابات أفراد عينة الدراسة حول درجة ممارسة العاملين تعزى لمتغيرات: المركز الوظيفي, ومستوى المدرسة, والجنس, والمؤهل العلمي, والخبرة, والأنموذج المقترح لتحويل المدرسة الأردنية إلى منظمة متعلمة.

## نتائج الدراسة *

وللحصول على البيانات اللازمة طور الباحث استبانة سماها"استبانة المدرسة الأردنية كمنظمة متعلمة" تكونت من (59) فقرة, ذات تدريب ليكرت الخماسي, توزعت فقراتها إلى خمسة مجالات, كل مجال يمثل أحد ضوابط المنظمة المتعلمة, تم تطبيقها على عينة تكونت من (1100) من العاملين في المدارس الأردنية في نهاية العام الدراسي 2006/2005, وكانت أهم نتائج الدراسة:

- يمارس العاملون في المدارس الأردنية الضوابط الخمسة للمدرسة كمنظمة متعلمة بدرجة متوسطة، وذلك لجميع الضوابط وللأداة ككل.

- تترتب الضوابط الخمسة تنازلياً حسب أوساطها الحسابية على النحو الآتي:

التمكن الشخصي، ثم التفكير النظمي، ثم النماذج العقلية، ثم الرؤية المشتركة، وأخيراً تعلم الفريق.

- تراوحت المتوسطات الحسابية للضوابط الخمسة بين (3.14) كحد أعلى لضابط التمكن الشخصي و(2.79) كحد أدنى لضابط تعلم الفريق.

---

* للاستزادة حول الدراسة ونتائجها يرجى العودة إلى أصل الدراسة.

- إن المتوسطات الحسابية لفقرات الاستبانة تراوحت بين(3.78) كحد أعلى للفقرة "يعد العاملون المشكلات المدرسية أعراضاً لظروف متنوعة"، و(2.27) كحد أدنى للفقرة "يلتقي العاملون بشكل دوري لتبادل الخبرات والتجارب التربوية".

- وجود (7) فقرات يتم ممارستها بدرجة كبيرة في المدارس الأردنية تشير إلى المدرسة كمنظمة متعلمة، وهي الفقرات: "يعد العاملون المشكلات المدرسية أعراضاً لظروف متنوعة"، و"يسعى المعلمون إلى معرفة الجديد في تخصصاتهم العلمية"، و "تركز الرؤية الخاصة للمدرسة على تعلم الطلبة" و"تسود روح الفريق بين العاملين في المدرسة"،و"يعد العاملون المدرسة جزءاً من نظام أكبر هو المجتمع"، و"يقبل العاملون على فرص التعلم داخل المدرسة وخارجها"، و"توجد علاقات تشاركية منتجة بين العاملين".

- وجود (17) فقرة يتم ممارستها بدرجة قليلة في المدارس الأردنية، تشير إلى المدرسة كمنظمة متعلمة، وهي الفقرات: "يلتقي العاملون بشكل دوري لتبادل الخبرات والتجارب التربوية"، و"يعرف العاملون ساعات التدريب والتعلم التي سيتلقونها سنوياً"، و"يتم تأمل الممارسات المدرسية ومناقشتها"، و"يتبادل المعلمون الزيارات الصفية"، و"يفسر العاملون في المدرسة الأحداث بطرق متقاربة"، و"يلتزم جميع العاملين بتحقيق الشعارات التربوية التي تتبناها المدرسة"، و"يدرك جميع العاملين الرؤية الخاصة بالمدرسة"، و"يحول العاملون الأخطاء إلى فرص تعلم للجميع"، و"يتم تبصر البيئة الخارجية لإدخال الجديد إلى المدرسة"، و"يعد العاملون أن لكل منهم دوراً مهماً بالدرجة نفسها في تعلم الطلبة"، و"تتم مراجعة مستمرة لرؤية المدرسة التربوية"، و"يتم فهم الفروق بين التعلم والتعليم بوضوح"، و"يقدم جميع العاملين العون والدعم للمعلم الجديد"، و"يشعر العاملون بأنهم قادة

تربويون كل في موقعه"، و"تناقش الخطة التطويرية للمدرسة مع المعلمين"، و"ينظر العاملون إلى الأخطاء كفرص ايجابية للتطوير"، و"يتم تحديث السياسات والممارسات والإجراءات المدرسية".

- وجود (35) فقرة يتم ممارستها بدرجة متوسطة في المدارس الأردنية تشير إلى المدرسة كمنظمة متعلمة، وهي باقي فقرات الاستبانة.

- أشارت النتائج بالنسبة لمتغير المركز الوظيفي (معلم, إداري) إلى وجود فروق بين تقديرات المعلمين والإداريين لدرجة ممارسة مدارسهم لمجالات المدرسة كمنظمة متعلمة، وذلك لجميع مجالات الاستبانة، وللأداة ككل لصالح الإداريين، ودلت نتائج اختبار (ت) على أن هذه الفروق دالة إحصائيا على مستوى الدلالة

( $\alpha \geq 0.05$ ) وذلك لجميع مجالات الدراسة، وللأداة ككل ما عدا مجال التفكير النظمي.

- وأشارت النتائج بالنسبة لمتغير مستوى المدرسة (أساسي, ثانوي) إلى وجود فروق بين تقديرات العاملين في المدارس الأساسية والمدارس الثانوية، لمجالات المدرسة كمنظمة متعلمة، وذلك لجميع مجالات الاستبانة وللأداة ككل لصالح المدارس الأساسية، ودلت نتائج اختبار (ت) على أن هذه الفروق دالة إحصائيا على مستوى الدلالة ( $\alpha \geq 0.05$ ) وذلك لجميع مجالات الدراسة وللأداة ككل.

- وأشارت النتائج بالنسبة لمتغير جنس العاملين (ذكر, أنثى) إلى وجود فروق بين تقديرات العاملين في المدارس من الذكور والإناث، لمجالات المدرسة كمنظمة متعلمة، وذلك لجميع مجالات الاستبانة وللأداة ككل لصالح الإناث، ودلت نتائج

اختبار (ت) على إن هذه الفروق دالة إحصائيا على مستوى الدلالة($\alpha \geq 0.05$)، وذلك لجميع مجالات الدراسة وللأداة ككل.

- وأشارت النتائج بالنسبة لمتغير مؤهل العاملين (البكالوريوس فما دون، أعلى من البكالوريوس) إلى وجود فروق بين تقديرات العاملين في المدارس من حملة البكالوريوس فما دون، ومن حملة المؤهلات أعلى من البكالوريوس، لمجالات المدرسة كمنظمة متعلمة لصالح ذوي مؤهلات البكالوريوس فما دون، إلا إن هذه الفروق لم تكن دالة إحصائيا على مستوى الدلالة ($\alpha \geq 0.05$) وذلك لجميع مجالات الاستبانة وللأداة، باستثناء مجال التمكن الشخصي، حيث كانت الفروق دالة إحصائياً، وذلك لصالح ذوي مؤهلات البكالوريوس فما دون.

- وأشارت النتائج بالنسبة لمتغير خبرة العاملين (أقل من5 سنوات, من 5-10سنوات, أكثر من 10سنوات) إلى وجود فروق بين تقديرات العاملين حسب الخبرة لصالح ذوي الخبرة أقل من 5 سنوات, إلا إن نتائج تحليل التباين الأحادي دلت على عدم وجود فروق ذات دلالة إحصائية على المستوى ($\alpha \geq 0.05$) لدرجة ممارسة العاملين في المدرسة الأردنية للضوابط الخمسة للمنظمة المتعلمة تعزى لمتغير الخبرة, وذلك لجميع مجالات الدراسة وللأداة ككل.

وفيما يأتي عرض لنتائج الدراسة حسب تقديرات العاملين في المدارس الأردنية لدرجة ممارسة مدارسهم لخصائص المدرسة كمنظمة متعلمة لكل مجال من مجالات الاستبانة.

## المجال الأول: التمكن الشخصي

تم استخراج المتوسطات الحسابية والانحرافات المعيارية لإجابات أفراد عينة الدراسة من العاملين في المدارس الأردنية عن فقرات المجال الأول /التمكن الشخصي، وأشارت النتائج إلى أن أكثر خصائص المدرسة الأردنية كمنظمة متعلمة ممارسة في ضابط التمكن الشخصي من وجهة نظر العاملين فيها هي الفقرة "يسعى المعلمون إلى معرفة الجديد في تخصصاتهم العلمية"،ثم جاءت الفقرة "يقبل العاملون على فرص التعلم داخل المدرسة وخارجها"، وكلاهما تقابل درجة ممارسة كبيرة، وتقابل باقي الفقرات درجة ممارسة متوسطة, حيث جاءت الفقرة "يتم تشجيع العاملين على التعلم المستمر" في المرتبة الأخيرة.

## المجال الثاني: النماذج العقلية

تم استخراج المتوسطات الحسابية والانحرافات المعيارية لإجابات أفراد عينة الدراسة من العاملين في المدارس الأردنية عن فقرات المجال الثاني/ النماذج العقلية، وأشارت النتائج إلى أن أكثر الممارسات شيوعاً في المدرسة الأردنية كمنظمة متعلمة في ضابط النماذج العقلية من وجهة نظر العاملين فيها هما الفقرتان "تحدث مناقشات مهنية مستمرة بين العاملين في المدرسة" و"تتصف المناقشات بين الزملاء بالأمانة والصراحة"، وتقابلان درجة ممارسة متوسطة، ثم جاءت (7) فقرات تقابل أيضا درجة ممارسة متوسطة، وجاءت (5) فقرات يتم ممارستها بدرجة قليلة, حيث جاءت الفقرة "يتم تأمل الممارسات المدرسية ومناقشتها" في المرتبة الأخيرة.

المجال الثالث: الرؤية المشتركة

تم استخراج المتوسطات الحسابية والانحرافات المعيارية لإجابات أفراد عينة الدراسة من العاملين في المدارس الأردنية عن فقرات المجال الثالث/ الرؤية المشتركة، وأشارت النتائج إلى أن أكثر الممارسات شيوعاً في المدرسة الأردنية كمنظمة متعلمة في ضابط الرؤية المشتركة هي الفقرة "تركز الرؤية الخاصة للمدرسة على تعلم الطلبة"، وتقابل درجة ممارسة كبيرة، وجاءت (6) فقرات بدرجة ممارسة متوسطة، و(4) فقرات بدرجة ممارسة قليلة، وكانت أقل الممارسات شيوعاً الفقرة "يلتزم جميع العاملين بتحقيق الشعارات التربوية التي تتبناها المدرسة".

المجال الرابع: تعلم الفريق

تم استخراج المتوسطات الحسابية لإجابات أفراد عينة الدراسة من العاملين في المدارس الأردنية على فقرات المجال الرابع/ تعلم الفريق، وأشارت النتائج إلى أن أكثر الممارسات شيوعاً في المدرسة الأردنية كمنظمة متعلمة في ضابط تعلم الفريق هي الفقرة "تسود روح الفريق بين العاملين في المدرسة"، والفقرة" توجد علاقات تشاركية منتجة بين العاملين"، وكلاهما تقابلان درجة ممارسة كبيرة، وجاءت (5) فقرات بدرجة ممارسة متوسطة، و(5) فقرات أخرى بدرجة ممارسة قليلة، حيث كانت أقل الممارسات شيوعاً الفقرة "يلتقي العاملون بشكل دوري لتبادل الخبرات والتجارب التربوية".

المجال الخامس: التفكير النظمي

تم استخراج المتوسطات الحسابية لإجابات أفراد عينة الدراسة من العاملين في المدارس الأردنية عن فقرات المجال الخامس/ التفكير النظمي، وأشارت النتائج إلى أن

أكثر الممارسات شيوعاً في المدرسة الأردنية كمنظمة متعلمة في ضابط التفكير النظمي هي الفقرة "يعد العاملون المشكلات المدرسية أعراضاً لظروف متنوعة"، والفقرة" يعد العاملون المدرسة جزءاً من نظام أكبر هو المجتمع" ، وتقابلان درجة ممارسة كبيرة، ثم جاءت (9) فقرات تمارس بدرجة متوسطة، ثم جاءت (3) فقرات تمارس بدرجة قليلة, حيث كانت الفقرة "يتم تبصر البيئة الخارجية لإدخال الجديد إلى المدرسة" أقل الفقرات ممارسة.

## مناقشة النتائج

وناقش الباحث النتائج السابقة وفسرها كما يأتي:

1. بالنسبة إلى وجود (7) فقرات يتم ممارستها بدرجة كبيرة في المدارس الأردنية، حيث جاءت الفقرة "يعد العاملون المشكلات المدرسية أعراضاً لظروف متنوعة" في المرتبة الأولى بمتوسط حسابي(3.78) وانحراف معياري (1.07), وتقابل هذه القيمة درجة ممارسة كبيرة، فإن ذلك يعني أن هناك شبه إجماع للعاملين في المدارس على أن المشاكل التي يصادفونها في أعمالهم المدرسية هي أعراض للظروف الاقتصادية والثقافية والسياسية التي يمر بها المجتمع والأحوال الخاصة لكل طالب، وهذا الفهم يطمئن المهتمين بالشؤون التربوية إلى وجود وعي نظمي واسع عند العاملين في المدارس لهذه الفقرة، ثم جاءت الفقرتان " يسعى المعلمون إلى معرفة الجديد في تخصصاتهم العلمية"، و" تركز الرؤية الخاصة للمدرسة على تعلم الطلبة" في المرتبة الثانية بمتوسط حسابي ( 3.74 )، مما يعني أن هناك رغبة كبيرة عند المعلمين في تحديث معارفهم التخصصية، وهذا يفسر الإقبال الكبير للمعلمين على الالتحاق ببرامج التأهيل التربوي والدراسات العليا في الجامعات

2. سواء على نفقتهم الخاصة أم ضمن برامج التأهيل التربوي التي توفرها وزارة التربية بالتعاون مع الجامعات، وهناك تركيزاً بدرجة كبيرة لرؤية المدرسة على تعلم الطلبة مما يعني وجود وعي كبير عند العاملين باعتبار تعلم الطلبة هو محور الرؤية المدرسية، وهذا المعنى أكدت عليه برامج التطوير التربوي التي تنفذها وزارة التربية والتعليم.

2. وبالنسبة إلى وجود (17) فقرة تمارس بدرجة قليلة، حيث جاءت الفقرة " يلتقي العاملون بشكل دوري لتبادل الخبرات والتجارب التربوية" بمتوسط حسابي (2.27) وانحراف معياري (0.83) بالمرتبة الأخيرة، فيعني ذلك قلة التقاء العاملين للتبادل المهني، ويمكن تفسير ذلك بانشغال العاملين بالأعمال اليومية، ومحاولة كل منهم الاحتفاظ بخبراته الشخصية، وإن الإدارات المدرسية مشغولة بتسيير الأعمال وليس تطويرها، ويترتب على ذلك وجود فروق مهنية كبيرة بين العاملين، وجاءت الفقرة "يعرف العاملون ساعات التدريب والتعلم التي سيتلقونها سنوياً" بالمرتبة قبل الأخيرة بمتوسط حسابي (2.31) وبدرجة ممارسة قليلة، مما يعني عدم معرفة العاملين ببرامج التدريب وفرص التعلم الأخرى التي سيتلقونها خلال العام الدراسي، وربما يفسر هذا جزءاً من الاتجاهات السلبية للمعلمين نحو برامج التدريب، التي تأتي فجأة دون استعداد نفسي وذهني مناسبين لها، مما يترتب عليه ضعف انتقال أثر التدريب إلى الغرفة الصفية.

3. وبالنسبة إلى أن درجة ممارسة العاملين(المعلمين والإداريين) في المدارس الحكومية الأردنية كمنظمات متعلمة حسب ضوابط المدرسة المتعلمة، تترتب تنازلياً كما يلي: التمكن الشخصي، ثم التفكير النظمي، ثم النماذج العقلية، ثم

الرؤية المشتركة، ثم تعلم الفريق، وبمتوسطات حسابية: (3.14، 3.01، 2.85، 2.85، 2.79) على الترتيب، وبمتوسط حسابي مقداره (2.91 ) للأداة ككل، فإن هذه النتيجة تعني:

- إن واقع درجة ممارسة العاملين في المدرسة الأردنية للضوابط الخمسة للمنظمة المتعلمة من وجهة نظرهم هي درجة متوسطة.

- يمكن رفع درجة الممارسات التربوية في المدارس الأردنية إلى درجة أكبر، أي أن هناك فرصاً واعدة لتطوير الممارسات المدرسية وتطوير النظام التربوي ككل، وذلك بالعمل على نشر ثقافة التعلم المنظمي للوصول إلى المدرسة المتعلمة بأبعادها المختلفة، ومن ثم إيجاد المدرسة التي يتطلع إليها المجتمع.

- أن أكثر الضوابط ممارسة هي التمكن الشخصي وأقلها تعلم الفريق، مما يشير إلى وجود ظاهرة خطيرة في المدارس الأردنية وهي سيادة الفردية في التعلم والعمل، وأن اهتمام العاملين الأول هو التعلم الشخصي بتنمية وتطوير مقدراتهم المهنية الخاصة بمعزل عن التطوير المهني الشامل للعاملين بإتباع ممارسات تعلم الفريق، وهذا قد يفسر وجود فروق فردية كبيرة بين المعلمين من التخصص نفسه، وأحياناً في المدرسة نفسها، وعدم التجانس في المستويات المهنية للعاملين.

- جاء ضابط التفكير النظمي في المرتبة الثانية من حيث الممارسة في المدارس الأردنية مما يعني وجود فهم متوسط لتأثر الأحداث التربوية بشبكة من العلاقات، وأن هذه الأحداث هي أعراض لعوامل ذات تأثير متبادل لتعطي في النهاية السلوك المعين.

- جاء ضابطا النماذج العقلية والرؤية المشتركة في المرتبة الثالثة وقبل الأخيرة، مما يشير إلى انخفاض نسبي في ممارسة العاملين في المدارس الأردنية لهذين الضابطين، مما يستدعي العمل على توفير حد أدنى مشترك بين العاملين في منطلقاتهم الذهنية ونظرتهم المستقبلية لمدارسهم، لما لهما من أهمية كونهما بعدين فكريين يوجهان العملية التربوية في المدرسة.

4. وبالنسبة إلى وجود فروق دالة إحصائيا بين تقديرات المعلمين والإداريين لدرجة ممارسة مدارسهم لضوابط المدرسة كمنظمة متعلمة، وذلك لجميع مجالات الاستبانة وللأداة ككل لصالح الإداريين، ما عدا ضابط التفكير النظمي، فيمكن تفسير هذه النتيجة ذلك بما يأتي:

- ميل الإداريين إلى إعطاء صورة أفضل عن مدارسهم، لاعتقادهم أن الصورة الفضلى لمدارسهم هي انعكاس لجهودهم وحسن أدائهم لأعمالهم.

- نظرة الإداريين للممارسات في المدرسة تكون أشمل من نظرة المعلمين الذين يتعاملون مع أعداد أقل من الطلبة.

- ميل المعلمين إلى إعطاء صورة حقيقية أو ربما اقل من الحقيقة لما يرونه ويمارسونه من سلوكات مدرسية من أجل توفير الفرصة لتحسين بيئة العمل المدرسي.

5. وبالنسبة إلى وجود فروق بين تقديرات العاملين في المدارس الأساسية والمدارس الثانوية، لضوابط المدرسة كمنظمة متعلمة، وذلك لجميع ضوابط الاستبانة وللأداة ككل لصالح العاملين في المدارس الأساسية، وإن هذه الفروق دالة إحصائيا، فقد يعود ذلك إلى أن العاملين في المدارس الأساسية غالباً ما تكون تخصصاتهم

العلمية عامة مثل معلمي المجال تحتاج إلى العمل الجماعي، بعكس العاملين في المدارس الثانوية حيث تظهر التخصصية, ومن ثم الفردية في العمل، وكذلك فان عدد العاملين في المدارس الأساسية غالباً أقل من عدد العاملين في المدارس الثانوية، مما ييسر توافر الحوار المهني والشخصي، ومن ثم التعلم الجماعي والتوافق المهني.

6. وبالنسبة إلى وجود فروق دالة إحصائيا بين تقديرات العاملين في المدارس من الذكور والإناث، لضوابط المدرسة كمنظمة متعلمة، وذلك لجميع ضوابط الاستبانة وللأداة ككل لصالح الإناث، فإن ذلك يعود إلى الملاحظات التالية:

- ميل المعلمات لتطبيق الاقتراحات والتعليمات بدرجة أكثر من ميل المعلمين الذكور لتطبيقها.

- تحقيق مهنة التعليم الطموحات الشخصية للعاملات، وعدم تحقيقها للعاملين من الذكور.

- وجود روح التنافس بين الطالبات أكثر منها عند الطلاب الذكور مما يشجع المعلمات على البحث عن الجديد في مجال التعلم والتعليم، ومن ثم حدوث الحوار المهني المستمر.

- وجود الاتجاهات الايجابية عند العاملات في المدارس الأردنية نحو المهنة، أكثر منها عند العاملين الذكور.

6. وبالنسبة إلى عدم وجود فروق دالة إحصائيا بين تقديرات العاملين في المدارس من حملة البكالوريوس فما دون, وحملة المؤهلات أعلى من البكالوريوس لضوابط

المدرسة كمنظمة متعلمة، وذلك لجميع مجالات الاستبانة وللأداة ككل، ما عدا مجال التمكن الشخصي الذي كان دالاً، وذلك لصالح ذوي مؤهلات البكالوريوس فما دون، فتعني هذه النتيجة أن العاملين من ذوي المؤهلات الدنيا لديهم قناعة بالممارسات المدرسية ويعتبرونها ذات مستوى مرض، بعكس زملائهم ذوي المؤهلات الأعلى الذين أتاحت لهم دراستهم العليا تعرف مستويات أداء أعلى من المألوف يعتقدون إمكانية الوصول إليها، لم تستطع مدارسهم تحقيقها.

8. وبالنسبة إلى عدم وجود فروق دالة إحصائيا لدرجة ممارسة العاملين في المدرسة الأردنية للضوابط الخمسة للمنظمة المتعلمة تعزى لمتغير الخبرة، وذلك لجميع ضوابط الدراسة وللأداة ككل، فقد يعني ذلك أن تقديرات العاملين لدرجة ممارسة مدارسهم كمنظمات متعلمة كانت متقاربة، ولا تتأثر بعدد سنوات الخبرة في عملهم الحالي، ويمكن تفسير ذلك بان هذه الممارسات عامة، ومن السهل ملاحظتها من قبل العاملين.

وبالنسبة لتقديرات العاملين في المدارس الأردنية لدرجة ممارسة مدارسهم لخصائص المدرسة كمنظمة متعلمة لكل من مجالات الاستبانة، مرتبة حسب أوساطها الحسابية، فقد ناقشها الباحث كما يلي:

● التمكن الشخصي

حصل ضابط التمكن الشخصي على المرتبة الأولى من حيث درجة الممارسة في المدارس الأردنية من وجهة نظر العاملين فيها، إذ بلغ (3.14)، ويقابل درجة ممارسة متوسطة، ويعود هذا الارتفاع النسبي إلى رغبة العاملين في تنمية مقدراتهم المهنية

وتمكنهم الشخصي من تخصصاتهم العلمية، أما عن النتائج المتعلقة بفقرات هذا الضابط التي كانت كما يلي:

1. حصول الفقرة "يسعى المعلمون إلى معرفة الجديد في تخصصاتهم العلمية "على أعلى متوسط حسابي (3.74) ويقابل درجة ممارسة كبيرة، مما يدل على وجود ملاحظة عامة عند العاملين في المدارس الأردنية، وهي سعي المعلمين إلى تحديث معارفهم العلمية، وقد يعود ذلك إلى وعي المعلمين بالتطورات العلمية المتلاحقة والرغبة الكبيرة لديهم بمتابعة آخر هذه التطورات، بالإضافة إلى سهولة الوصول إلى هذه المعارف عبر مصادر المعرفة المختلفة وأسرعها الشبكة العنكبوتية (الانترنت) المتوفرة الآن في معظم المدارس الأردنية.

2. وجاءت الفقرة "يقبل العاملون على فرص التعلم داخل المدرسة وخارجها " في المرتبة الثانية وحصلت على متوسط حسابي (3.58) ويقابل درجة ممارسة كبيرة، مما يدل على وجود رغبة كبيرة عند العاملين في المدارس الأردنية على فرص التعلم المتوفرة وبالذات التي تؤدي إلى الحصول على شهادة علمية، أو زيادة في الراتب الشهري، أو فرص الارتقاء الوظيفي.

3. وجاءت الفقرة "يتم تشجيع العاملين على التعلم المستمر" في المرتبة الأخيرة بمتوسط حسابي (2.76)، إن الانخفاض النسبي لممارسة هذه الفقرة ربما يعود إلى أن العاملين على مستوى عال من إدراك أهمية التعلم المستمر، ولا يتم تشجيعهم عليه، بالإضافة إلى عدم رغبة الإداريين بأن يشترك المعلمون في برامج التأهيل والدراسات العليا ليحافظوا على انسياب العمل المدرسي دون مغادرة بعضهم أثناء اليوم الدراسي.

- **التفكير النظمي**

وقد حصل مجال التفكير النظمي على المرتبة الثانية من حيث درجة الممارسة في المدارس الأردنية من وجهة نظر العاملين فيها، إذ بلغ (3.01)، ويقابل درجة ممارسة متوسطة ، أما عن النتائج المتعلقة بفقرات هذا المجال فقد كانت كما يلي:

- حصول الفقرة "يعد العاملون المشكلات المدرسية أعراضاً لظروف متنوعة" على أعلى متوسط حسابي على مستوى هذا الضابط والأداة ككل، إذ بلغ (3.78) ويقابل درجة ممارسة كبيرة، مما يدل على وجود فهم عام عند العاملين في المدارس الأردنية حول اعتبار المشكلات التربوية نتاجاً لعوامل اجتماعية واقتصادية ونفسية مختلفة تؤثر على تعلم الطلبة وسلوكهم.

- ثم جاءت الفقرة "يعد العاملون المدرسة جزءاً من نظام أكبر هو المجتمع" في المرتبة الثانية وبمتوسط حسابي (3.60)، ويقابل درجة ممارسة كبيرة، مما يدل على وجود فهم عام يعد النظام المدرسي جزءاً من النظام الأكبر وهو المجتمع، وهذه النتيجة تخالف الرأي الشائع عند العديد من التربويين الأردنيين الذين يعتقدون أن المدرسة منفصلة عن بيئتها ومجتمعها، ويمكن تفسير هذا التناقض الظاهري باعتبار أن النتيجة هي فهم نظري عند العاملين لم يتحول إلى تطبيق عملي بعد، فلم يظهر في الممارسات التربوية اليومية في المدارس، مما يستلزم ضرورة الانتقال من النظرية إلى التطبيق أي نقل المدارس لتصبح منظمات متعلمة، وهذا جوهر كتاب سينجي Senge الضابط الخامس.

- حصول الفقرة " يتم تبصر البيئة الخارجية لإدخال الجديد إلى المدرسة" على أدنى متوسط حسابي مقداره (2.39)، مما قد يعني أن أغلبية العاملين في المدرسة

الأردنية لا يبحثون في البيئة الخارجية للمدرسة عن الأفكار والمعرفة الجديدة لإدخالها إلى المدرسة، بل ينتظرون أن تقوم وزارة التربية بإدخالها في المناهج وهم دائماً بانتظار التعليمات، وقد يفسر هذا كثرة التغييرات في المناهج الأردنية، وكثرة التعليمات التي تصدر من الوزارة إلى المدارس، فقد تحول العاملون في المدارس إلى منفذين وليس مطورين ومبدعين، ثم جاءت الفقرة "يعد العاملون أن لكل منهم دوراً مهماً بالدرجة نفسها في تعلم الطلبة " بمتوسط حسابي مقداره (2.42) ويقابل درجة ممارسة قليلة، مما قد يعني شعور العاملين في المدرسة الأردنية بأن أدوارهم ليست بالأهمية نفسها، ومن ثم عدم التساوي بالمسؤولية التربوية لتعلم الطلبة، وقد يعود هذا الشعور إلى تفرد مدير المدرسة باتخاذ القرارات، ووضع بعض المقررات المدرسية موضع الصدارة في الاهتمام حسب الدرجة المعطاة لها في الشهادة المدرسية أو شهادة الثانوية العامة، واعتبار الإداريين (عدا المدير) غير مهمين في تعلم الطلبة، ثم جاءت الفقرة "يشعر العاملون بأنهم قادة تربويون كل في موقعه" بمتوسط حسابي مقداره (2.49), ويقابل درجة ممارسة قليلة، مما فد يعني وجود شعور عام عند العاملين في المدرسة الأردنية بأنهم ليسوا قادة تربويين كل في الدور الذي يؤديه، وهذه النتيجة تشير إلى قلة انتشار روح القيادة التحويلية في المدرسة الأردنية، وان القيادة الفردية ما زالت سائدة فيها.

- **النماذج العقلية**

وحصل كل من ضابطي النماذج العقلية والرؤية المشتركة على المرتبة الثالثة وقبل الأخيرة من حيث درجة الممارسة في المدارس الأردنية من وجهة نظر العاملين فيها، إذ بلغ لكليهما(2.85) ، ويقابل درجة ممارسة متوسطة حسب المعيار المعتمد بهذه

الدراسة، ويعني ذلك أن افتراضات ومدركات ومواقف العاملين في المدرسة لا يوجد بينها توافق مرضيٌّ عنه، مما يؤدي إلى وجود أكثر من تفسير للحدث الواحد في المدرسة، ومن ثم تخبط المعالجات والحلول، مما يستوجب على مديري المدارس العمل على توفير المناخ المدرسي المناسب ليساعد العاملين على إخراج افتراضاتهم العقلية واتجاهاتهم من الباطن إلى السطح، بحيث يستطيع الأفراد اكتشاف الفروق بينهم والحديث عن هذه الفروق بعقل مفتوح، وهدف مشترك واحد، وهو أداء العمل التربوي بأعلى درجة من الكفاءة والإبداع، أما عن النتائج المتعلقة بفقرات هذا الضابط فقد كانت كما يلي:

- حصول الفقرتان " تحدث مناقشات مهنية مستمرة بين العاملين في المدرسة" و"تتصف المناقشات بين الزملاء بالأمانة والصراحة" على أعلى متوسط حسابي إذ بلغ (3.32)، ويقابل درجة ممارسة متوسطة، مما يعني حدوث مناقشات مهنية صريحة بين العاملين بمقدار معقول، ولكن يبدو أن هذا النقاش ينتهي بدون تغيير قناعات المتحاورين ولا يتحول إلى ممارسات تربوية داخل المدرسة، فيبقى مجرد عرض آراء، وغالباً يلقي اللوم على جهات خارج المدرسة، ثم يعود العاملون إلى ممارسة سلوكهم المعتاد.

- أقل الممارسات شيوعاً كانت الفقرة "يتم تأمل الممارسات المدرسية ومناقشتها" بمتوسط حسابي (2.32) وتقابل درجة ممارسة قليلة، مما يعني أن العاملين لا يقومون بتأمل ممارساتهم المدرسية وتبصرها للإفادة منها في تحسين عمليتي التعلم والتعليم، وهذا يناقض دعوة سينجي Senge(1990) للتربويين لتأمل ممارساتهم باستمرار، حيث شدد على وجوب ممارسة المنظمة لأدوات التعلم

ومنها التأمل حتى يستوطن التعلم المدرسة ويحدث التعلم المنظمي، إن عدم ممارسة التأمل يؤدي إلى:

1. استمرار تنفيذ الممارسات بشكل آلي دون إعادة التفكر بها.

2. أداء الأعمال التعليمية بطريقة واحدة رغم اختلاف الطلبة والصفوف والبيئات التي يعمل بها المعلمون.

3. عدم إحداث التغييرات اللازمة في الممارسات التربوية لتواكب التطورات في البيئة الخارجية.

4. جمود المدرسة وانعزالها عن المجتمع.

5. تولد اتجاهات سلبية عند الطلبة نحو المدرسة، ومن ثم ظهور سلوكات غير مرغوبة لديهم.

ويمكن إضافة تفسير ديوي فيما يتعلق بقلة ممارسة العاملين للتأمل وهو قلة توفر كل من: العقل المنفتح والاندفاع الذاتي والمسؤولية (دواني، 2003).

- وجاءت الفقرة "يفسر العاملون في المدرسة الأحداث بطرق متقاربة"، في المرتبة قبل الأخيرة بمتوسط حسابي (2.33)، وتقابل درجة ممارسة قليلة، مما يعني وجود تشتت في فهم العاملين للأحداث وتفسيرها في المدرسة، ومن ثم عدم اتفاقهم على الحلول، مما قد يؤدي إلى تضارب هذه الحلول وإيجاد بيئة تعلمية مضطربة عند الطلبة مما سيؤثر سلباً على تحصيلهم.

- وجاءت الفقرة "يتم فهم الفروق بين التعلم والتعليم بوضوح" في المرتبة الأخيرة بوسط حسابي (2.46) وتقابل درجة ممارسة قليلة، مما يعني وجود ضبابية في فهم العاملين لعمليتي التعلم والتعليم، ووجود قصور في وعيهم لنظريات التعلم والتعليم، مما قد يؤدي إلى خلط في تنفيذ الاستراتيجيات الخاصة بعمليتي التعلم والتعليم، ومن ثم حدوث اضطراب في تعلم الطلبة .

• الرؤية المشتركة

وحصل ضابط الرؤية المشتركة مع ضابط النماذج العقلية على المرتبة الثالثة وقبل الأخيرة من حيث درجة الممارسة في المدارس الأردنية من وجهة نظر العاملين فيها، إذ بلغ لكليهما (2.85)، ويقابل درجة ممارسة متوسطة حسب معيار الدراسة، ويعني ذلك أنه لا يتم بناء وبلورة حس من العمل المشترك بمقدار يمكن الرضا عنه، ولا يتم بناء تصور مشترك للمستقبل الذي يرغب العاملون تحقيقه بالمستوى المأمول، ويعني ذلك أيضاً:

1. عدم توفر الهدف الملهم الموحد لجهود العاملين.

2. عدم توفر القوة التي تسوق التغيير التي أسماها سينجي التوتر الإبداعي.

3. عدم توفر التزام حقيقي عند الأفراد لتحقيق المدرسة لأهدافها.

4. عدم دمج الرؤى الفردية في اتجاه واحد يعبر عن الرؤية المشتركة للمدرسة.

مما يؤدي إلى عدم تحقيق التطور والإبداع المنتظرين من مدرسة القرن الحادي والعشرين.

أما عن تفسير النتائج المتعلقة بفقرات هذا الضابط فقد كانت كما يلي:

- حصول الفقرة " تركز الرؤية الخاصة للمدرسة على تعلم الطلبة"على أعلى متوسط حسابي بلغ (3.74) ويقابل درجة ممارسة كبيرة، مما يعني وجود شبه إجماع للعاملين في المدارس الأردنية على أن رؤية المدارس تركز على تعلم الطلبة، وهذه نتيجة منطقية لان تعلم الطلبة هو الهدف الأساسي للمدرسة وللنظام التربوي ككل، مما يستلزم من القائمين على النظام التربوي الأردني استثمار هذا الإجماع والعمل بالاشتراك مع العاملين في المدارس على بلورة رؤية مشتركة مفصلة تؤدي إلى تحقيق الطموحات الوطنية.

- وجاءت الفقرة " يلتزم جميع العاملين بتحقيق الشعارات التربوية التي تتبناها المدرسة" في المرتبة الأخيرة بمتوسط حسابي بلغ (2.35) يقابل درجة ممارسة قليلة، مما يعني عدم التزام العاملين بتحقيق شعارات المدرسة، وهذا يشير مرة أخرى إلى انفصام العمل عن القول، أي عدم تحويل النظرية إلى التطبيق، وهذا يبرر تشديد سينجي على ضرورة تحويل النظرية إلى تطبيق في سبيل تحقيق المنظمة المتعلمة، إن عدم التزام العاملين تطبيق الشعارات المدرسية قد يعود إلى الأسباب الآتية:

1. لم يتم بناء الرؤى المدرسية بالطريقة الصحيحة من حيث اشتراك العاملين في بنائها.

2. لم تكن هذه الرؤى واقعية تعبر عن المجتمع المحلي وإمكانياته ومقدراته.

3. عدم إدراك العاملين لهذه الرؤى.

4. عدم توفر نظام اتصال فعال بين العاملين يجعل هذه الرؤى حاضرة دائماً لديهم.

- وحصول الفقرة " يدرك جميع العاملين الرؤية الخاصة بالمدرسة " على المرتبة قبل الأخيرة بمتوسط حسابي (2.36) يقابل درجة ممارسة قليلة، مما يعني أن الرؤى المدرسية غير واضحة عند العاملين وأنها لم تتجذر في إدراكاتهم العقلية، ومن ثم لم تطبق أثناء عملهـم اليومي.

- وجاءت الفقرة " تتم مراجعة مستمرة لرؤية المدرسـة التربوية " في المرتبة الأخيرة بمتوسط حسابي قدره (2.43) يقابل درجة ممارسة قليلة، مما يعني أن الرؤية التربوية تبقى دون مراجعة لفترات طويلة، وعدم دراسة التغذية الراجعـة لتطبيقهـا، مما يسـتوجب ضرورة نشر ثقافة وجود رؤية عامة للنظام التربوي, ووجود الرؤى التربوية الخاصة لكل مدرسة, التي يمكن تغييرها سنويا لتناسب واقع وطموح المدرسة.

● تعلم الفريق

وقد حصل ضابط تعلم الفريق على المرتبة الأخيرة من حيث درجة الممارسة في المدارس الأردنية من وجهة نظر العاملين فيها، إذ بلغ (2.79)، ويقابل درجة ممارسة متوسطة، ويعني ذلك أن وحدة التعلم الأساسية (تعلم الفريق) حسب تعبير سينجي(1994) Senge، قد جاءت في المرتبة الأخيرة ممارسةً في المدارس الأردنية، وقد يعود ذلك إلى العوامل الآتية:

1. سيادة الفردية في العمل ولجوء الأفراد إلى تعزيز براعتهم الشخصية بمعزل عن التنمية المهنية الجماعية.

2. ضعف درجة ممارسة الرؤية المشتركة للعاملين مما يقلل من تعلم الفريق.

3. قلة اللقاءات المخصصة لتبادل الخبرات المهنية.

أما عن النتائج المتعلقة بفقرات هذا الضابط والتي كانت كما يلي:

- حصول الفقرة "تسود روح الفريق بين العاملين في المدرسة" في المرتبة الأولى بمتوسط حسابي (3.71), ويقابل درجة ممارسة كبيرة, مما يعني توفر شعور عال من روح الفريق بين العاملين، ويمكن تفسير ذلك بالمشاركة الجماعية للعاملين عند حدوث مناسبات اجتماعية خاصة لأحد الزملاء، مع ملاحظة أن هذه الروح تقل عند الانتقال إلى التعلم الجماعي والعمل التربوي في المدرسة.

- حصول الفقرة "توجد علاقات تشاركية منتجة بين العاملين" في المرتبة الثانية بمتوسط حسابي (3.56), يقابل درجة ممارسة كبيرة, مما يعني وجود علاقات ذات نتائج مرغوبة بين العاملين، وقد يكون من هذه العلاقات التشارك في إنجاح اليوم الدراسي وانجاز المهام المختلفة في المواعيد المحددة, وليس التشارك في تطوير عمليتي التعليم والتعلم, وتحمل مسؤوليتهما.

- وجاءت الفقرة "يلتقي العاملون بشكل دوري لتبادل الخبرات والتجارب التربوية" بمتوسط حسابي (2.27), ويقابل درجة ممارسة قليلة في المرتبة الأخيرة, مما يعني عدم وجود لقاءات دورية بين العاملين لتبادل الخبرات والتجارب التربوية، وإنما تخصص الاجتماعات لنقل التعليمات للعاملين، وتذكيرهم بواجباتهم،

- ووجوب مساعدتهم في تسيير العمل اليومي في المدرسة، وقلما تناقش خبراتهم من أجل تأملها وتعلم الآخرين منها، وهذا يخالف دعوة سينجي للعاملين في المدرسة بتخصيص وقت محدد أسبوعيا لتبادل الخبرات وتأملها بشكل جماعي.

**مناقشة النتائج المتعلقة بالأنموذج المقترح**

لقد أشارت نتائج الدراسة إلى أن درجة ممارسة العاملين في المدارس الأردنية لضوابط المدرسة كمنظمة متعلمة هي درجة متوسطة لجميع الضوابط وللأداة ككل، وبالتحديد وجود(7) فقرات يتم ممارستها بدرجة كبيرة، و(35) فقرة يتم ممارستها بدرجة متوسطة, و(17) فقرة يتم ممارستها بدرجة قليلة، ووجود فروق دالة إحصائيا بين تقديرات العاملين لدرجة ممارستهم لضوابط المدرسة كمنظمة متعلمة، لصالح الإداريين والإناث والمدارس الأساسية، وتنسجم هذه النتائج مع ملاحظة التربويين بضعف تطبيق المدارس لبرامج التطوير التربوي المختلفة، وخصوصاً المدارس الثانوية ومدارس الذكور، وعدم انعكاس هذه البرامج في الغرفة الصفية، ومن ثم لم يحدث التحسن المأمول في تحصيل الطلبة.

ويعتقد الباحث أن تحويل المدارس الأردنية إلى منظمات متعلمة هو حل يمكنه إحداث التغيير المنشود وإدامته، ويسهل على العاملين تطبيق برامج الإصلاح المختلفة، ويوفر للمدرسة القدرة على التكيف والتأقلم مع المتغيرات المحلية والعالمية.

اعتمد الباحث في إعداد هذا الأنموذج المقترح لتحويل المدارس الحكومية الأردنية إلى منظمات متعلمة على نتائج هذه الدراسة، وما قدمه كل من: بانغ Pang (2003) ، وعطاري وعيسان (2003)، وجيسك ومكنيل Giesecke and, Mcneil (2004)،

وكوبيترز Coppieters (2005) ومشروع حكومة البرتا الكندية Government of Alberta (2006).

## أهداف الأنموذج

يؤمل من هذا الأنموذج أن يساعد المدارس الأردنية في:

- تطوير مقدرتها في التحول الذاتي إلى منظمات متعلمة، من خلال ممارسة مفاهيم التعلم المنظمي وامتلاك مهارات وتقنيات ضوابط المدرسة المتعلمة.

- تغيير تصورات العاملين للممارسات الإدارية والتعليمية، من خلال اختبار فاعلية استراتيجيات تحويل المدارس إلى منظمات متعلمة.

- البدء بالتغيير النظمي لإحداث التطوير المستمر، والتعامل الإيجابي مع التحديات الناجمة عن تنفيذ مشاريع الإصلاح التربوي الحالية وأهمها برنامج (ERfKE)، من خلال إيجاد المناخ المدرسي المناسب، وثقافة التعلم في المدارس.

- تقديم تعليم عالي الجودة للطلبة، من خلال معلمين وإداريين دائمي التعلم.

ويمكن تطبيق هذا الأنموذج المقترح كمرحلة تجريبية في (20) مدرسة يتم اختيارها من منطقة تعليمية واحدة تضم مدارس للذكور وأخرى للإناث، ومدارس ثانوية وأخرى أساسية، ويفضل أن ترغب تلك المدارس طوعاً في الاشتراك بتنفيذ مفهوم المدرسة المتعلمة وتلتزم بمتطلبات تنفيذه.

**فوائد الأنموذج**

كما يؤمل منه أن يقدم للإداريين والمعلمين المشاركين الفوائد الآتية:

1. إيجاد المقدرة على ممارسة التعلم المنظمي باستمرار.

2. التمكن من تطبيق ضوابط المدرسة المتعلمة.

3. تعزيز مقدراتهم في مجال التعلم المنظمي من خلال سلسلة من المشاغل التدريبية.

4. تطوير تبصراتهم في برامج الإصلاح التربوي، والتغيرات الاجتماعية والبيئية.

5. زيادة جودة تعلم الطلبة عندما يصبح المعلمون والإداريون هم أيضا متعلمين.

**مراحل تطبيق الأنموذج**

المراحل المقترحة والأنشطة المنبثقة عن هذا الأنموذج يؤمل منها أن تمكن العاملين في المدارس الأردنية من ممارسة ضوابط المدرسة المتعلمة في العمل اليومي، والمشاركة في إحداث التطوير المستمر في مدارسهم، ويمكن تطبيق الفكرة في أربع مراحل يتكون كل منها من خطوات فرعية، والأنموذج دائري الطابع حيث إنه بعد نهاية المرحلة الرابعة يعود للعمل من المرحلة الأولى:

1. **المرحلة الأولى:** وهي مرحلة الإعداد، وتطبق على مدى عام، وتتكون من الخطوات الآتية:

- تشكيل اللجنة العليا: وهي لجنة للإشراف على إعداد المشروع وتنفيذه، وتضم الأمين العام لوزارة التربية والتعليم للشؤون الفنية والتعليمية، ومديري إدارات التعليم والتدريب، ومدير التربية والتعليم للمنطقة التي سيتم تطبيق الأنموذج في مدارسها، وأساتذة جامعيين في الإدارة التربوية عامة والتعلم المنظمي خاصة.

- تشكيل اللجنة التنسيقية: وهي لجنة تتكون من مدير التربية والتعليم والمشرفين التربويين ومديري المدارس المشاركة، وتقوم بمهام التنسيق بين المدارس بحيث تتم الأنشطة المختلفة في فترات زمنية متقاربة، ويتم تبادل الخبرات بين المدارس.

- تشكيل لجان مدرسية: تتكون من مدير المدرسة وجميع أفراد الهيئتين التدريسية والإدارية.

- توفير الدعم وإثارة الوعي وبناء الالتزام في المدارس المشاركة: عن طريق ورش عمل وندوات ونشرات مصممة لهذا الغرض، وتقوم اللجنة العليا واللجنة التنسيقية بهذه المهمة.

- توفير بيئة عمل مناسبة في المدارس المشاركة للتحول إلى مدارس متعلمة وتتصف هذه البيئة بالثقة والتعاون والتفكير التأملي الناقد وتشجع التساؤل وتتحرى وتناقش قضايا التعليم، والقيادة فيها تحويلية ملهمة للعاملين، وبناء مناخ منظمي ايجابي.

- تصميم ارتباط تشعبي على شبكة انترانت الوزارة، يضم كل ما يحتاجه المشاركون من أدب نظري حول هذا المشروع، ومراحل تطبيقه، ويتم عن طريقه التواصل المستمر بين جميع العاملين في المشروع.

- الاطلاع على برامج تأهيلية للعاملين في المدارس للتحول إلى مدارس متعلمة، وخاصةً التجارب وقصص النجاح التي حققتها المدارس المذكورة في كتاب سينجي "المدارس المتعلمة".

2. **المرحلة الثانية**: وهي مرحلة التنفيذ, وتطبق على مدى عام دراسي, وتتكون من الخطوات الآتية:

- تحليل وتقييم النظام البيئي المادي والاجتماعي للمدارس لتحديد المعوقات والمصادر التي يمكن الاستفادة منها.

- تشخيص نظام العمل الإداري والإشرافي والتعليمي في المدارس المشاركة.

- تقرير درجة اتصاف المدارس المشاركة بخصائص المدرسة المتعلمة، وذلك بتطبيق استبانة "المدرسة الأردنية كمنظمة متعلمة" التي طورها الباحث.

- في ضوء نتائج التشخيص وتطبيق الاستبانة يوضع برنامج للتعلم المنظمي لتوجيه المدارس نحو وضع المدرسة المتعلمة.

- تطبيق برنامج التعلم المنظمي.

- تقويم عملية التحول من خلال الزيارات الميدانية للجنتين العليا والتنسيقية.

- تطبيق الخطة الإجرائية المقترحة.

3. **المرحلة الثالثة:** وهي صيانة الانجاز ومرحلة التعميم, وتطبق على مدى عام, وتتكون من العمليات الآتية:

- تنظيم حلقات تعلم.

- توفير التزام بالتغيرات التي تتحقق.

- توزيع شهادات المشاركة على المشاركين، وتوزيع شهادات الحصول على لقب "مدرسة متعلمة" تكون هذه الشهادة صالحة لمدة محدودة (سنتين مثلاً)، وتجدد بعد القيام بتقييم جديد لمدى الاستمرار الالتزام بخصائص المدرسة المتعلمة.

- تعميم الفكرة على باقي مدارس المملكة، مع الأخذ بالاعتبار الفروق بينها من حيث مستوى المدرسة والجنس للعاملين والبيئة المدرسية.

- مراقبة مسار العمل وتصحيحه.

4. **المرحلة الرابعة:** وهي مرحلة التحسين المستمر, بعد أن يتم إعادة تصميم النظام المدرسي بأكمله ينتقل العمل إلى مرحلة التحسين المستمر، حيث تعمل اللجنة العليا على إحداث مزيد من التحسين في العلاقات مع النظام البيئي والنظام الاجتماعي، وهذا التحسين مهم لإزالة أية شوائب تكون قد شابت عملية التحسين.

## خصائص الأنموذج

يتصف هذا الأنموذج في جميع مراحله بالخصائص الآتية:

- المشاركة الجماعية للعاملين في المدارس ومديريات التربية والوزارة والمجتمع المحلي.

- يساعد على إحداث التغيير المطلوب بتغيير الثقافة النظمية السائدة نحو ثقافة المدرسة المتعلمة.

- يركز على إحداث التحسن في تحصيل الطلبة .

- يرمي إلى إحداث ثقافة التحسين المستمر.

- أهم أدواته الاستقصاء والتأمل.

- نشر المعرفة، وخصوصاً حول عمليتي التعلم والتعليم بين العاملين في المدارس.

- وسائل الاتصال: الاجتماعات والمقابلات والبريد الالكتروني ومجموعات المراسلة.

- يستخدم التقييم الداخلي والخارجي للتأكد من فاعلية تطبيقه.

## مكونات الأنموذج

بما أن نتائج الدراسة أشارت إلى أن درجة ممارسة العاملين في المدارس الأردنية لضوابط المدرسة كمنظمة متعلمة هي درجة متوسطة لجميع الضوابط وللأداة ككل، فإن ضوابط المنظمة المتعلمة هي أهم مكونات هذا الأنموذج، وبالتحديد الفقرات التي

يتم ممارستها بدرجة قليلة، وعددها (17) فقرة، مع ملاحظة خلو مجال التمكن الشخصي من أي فقرات كان مقدار ممارستها قليلاً، حيث يمكن التدريب على أقل الفقرات ممارسة بدرجة متوسطة، وبالتحديد يكون التركيز حسب المجالات على الممارسات الآتية:

**المجال الأول: التمكن الشخصي**

- بحث الإداريين عن المعرفة الجديدة لتحسين أدائهم.

- تشجيع العاملين على التعلم المستمر .

**المجال الثاني: النماذج العقلية**

- تأمل الممارسات المدرسية ومناقشتها .

- تفسير العاملين في المدرسة الأحداث بطرق متقاربة.

- فهم الفروق بين التعلم والتعليم بوضوح.

- نظر العاملين إلى الأخطاء كفرص ايجابية للتطوير.

- تحديث السياسات والممارسات والإجراءات المدرسية.

**المجال الثالث: الرؤية المشتركة**

- التزام جميع العاملين بتحقيق الشعارات التربوية التي تتبناها المدرسة.

- إدراك جميع العاملين الرؤية الخاصة بالمدرسة.

- المراجعة المستمرة لرؤية المدرسة التربوية.

- مناقشة الخطة التطويرية للمدرسة مع المعلمين.

### المجال الرابع: تعلم الفريق

- تقديم العون والدعم للمعلم الجديد.

- تحويل العاملين الأخطاء إلى فرص تعلم للجميع.

- تبادل الزيارات الصفية بين المعلمين .

- تعريف العاملين ساعات التدريب والتعلم التي سيتلقونها سنوياً.

- التقاء العاملين بشكل دوري لتبادل الخبرات والتجارب التربوية.

### المجال الخامس: التفكير النظمي

- إقناع العاملين بأنهم قادة تربويون كل في موقعه.

- إقناع العاملين أن لكل منهم دوراً مهماً بالدرجة نفسها في تعلم الطلبة.

- تبصر البيئة الخارجية لإدخال الجديد إلى المدرسة.

هذا ويمكن إدخال الفقرات الأخرى في كل من المجالات الخمسة التي كانت درجة ممارستها متوسطة.

### الخطة الإجرائية لتطبيق الأنموذج المقترح

بناءً على نتائج الدراسة والمرحلتين الأولى والثانية المقترحتين في هذا الأنموذج؛ وضع

الباحث خطة إجرائية أولية كما في الجدول (4):

جدول (4): الخطة الإجرائية للمرحلتين الأولى والثانية لتحويل المدارس الحكومية إلى منظمات متعلم

| المرحلة / السنة | الأولى – العام الدراسي الأول | | | | | | | | | | | الثانية – العام الدراسي الثاني | | | | | | | | | | |
|---|---|---|---|---|---|---|---|---|---|---|---|---|---|---|---|---|---|---|---|---|---|---|
| الشهر | 8 | 9 | 10 | 11 | 12 | 1 | 2 | 3 | 4 | 5 | 6 | 8 | 9 | 10 | 11 | 12 | 1 | 2 | 3 | 4 | 5 | 6 |
| اجتماعات اللجان | * | * | * | * | * | * | | | * | | * | * | * | | | | * | * | | | | * |
| ورش عمل وندوات تعريفية بالمدرسة المتعلمة | | | | | | | | * | * | * | | * | * | | | | | | | | | |
| البيئة المدرسية (التشخيص، ثقافة التعلم، القيادة التحويلية) | * | * | * | * | * | * | * | * | * | * | * | * | * | * | * | * | * | * | * | * | * | * |
| التعلم المنظمي | | | | | | | | | | | | * | * | * | * | * | * | * | * | * | * | * |
| تعريف المشاركين بضوابط سينجي للمدرسة المتعلمة. | | | | | | | * | * | * | * | | * | | | | | | | | | | |
| تطبيق الضابط الأول:التمكن الشخصي في المواقف المدرسية | | | | | | | | | | | | | * | * | * | * | * | * | * | * | * | |
| تطبيق الضابط الثاني:النماذج العقلية في المواقف المدرسية | | | | | | | | | | | | | * | * | * | * | * | * | * | * | * | |
| تطبيق الضابط الثالث: الرؤية المشتركة في المواقف المدرسية | | | | | | | | | | | | | * | * | * | * | * | * | * | * | * | |
| تطبيق الضابط الرابع:تعلم الفريق في المواقف المدرسية | | | | | | | | | | | | | * | * | * | * | * | * | * | * | * | |
| تطبيق الضابط الخامس:التفكير النظمي في المواقف المدرسية | | | | | | | | | | | | | * | * | * | * | * | * | * | * | * | |
| تطبيق استبانة المدرسة الأردنية كمنظمة متعلمة | | | | | | | | | | * | | | | | | | | | | | * | |
| التقارير الدورية للجنة العليا | | | | | * | | | * | | | * | | | * | | | * | | | * | | * |
| تقييم تحصيل الطلبة | | | | | | * | | | | | * | | | | | | * | | | | | * |
| تقييم خارجي | | | | | | | | | | * | | | | | | | | | | | * | |

## مراجع الفصل الخامس

- عبابنة, صالح احمد أمين (2007). المدرسة الأردنية كمنظمة متعلمة :الواقع والتطلعات. أطروحة دكتوراه غير منشورة, الجامعة الأردنية, عمان, الأردن.

- عبابنة, صالح احمد أمين والطويل, هاني عبدالرحمن(2009). درجة ممارسة العاملين في مدارس وزارة التربية والتعليم في الأردن لضوابط المنظمة المتعلمة حسب إطار سينجي:أنموذج مقترح, بحث مقبول للنشر, مجلة دراسات, الجامعة الأردنية.

- علي، نبيل وحجازي، نادية. (2005). الفجوة الرقمية: رؤية عربية لمجتمع المعرفة.الكويت, سلسلة عالم المعرفة، كتاب رقم 318.

- عماد الدين، منى مؤتمن.(2004). دور النظام التربوي الأردني في التقدم نحو الاقتصاد المعرفي, رسالة المعلم،العدد 43 (1)،12-21 ، عمان ،الأردن.

- مساد، محمود، وآخرون .(1999). المدرسة الأردنية وتحديات القرن الحادي والعشرين، عمان: مؤسسة عبد الحميد شومان، وبيروت :المؤسسة العربية للدراسات والنشر.

- وزارة التربية والتعليم .(2002). نحو رؤية مستقبلية للنظام التربوي في الأردن، منتدى التعليم في أردن المستقبل، عمان، الأردن.

- Senge, P.M. (1990). The Fifth Discipline: The Art and Practice of the Learning Organization. Sydney: Random House.

# المراجع والمصادر

## أولاً: المراجع العربية

القرآن الكريم.

- إبراهيم، لينا "محمد وفا".(2005). واقع تدريس العلوم في المدارس الأساسية الأولى وسبل تطويره في ضوء الاتجاهات العلمية المعاصرة في التربية العلمية، أطروحة دكتوراه غير منشورة، جامعة عمان العربية للدراسات العليا، عمان، الأردن.

- أيوب، ناديا حبيب. (2004). دور ممارسة التعلم المنظمي في مساندة التغيير الاستراتيجي في المنشآت السعودية الكبرى، دورية الإدارة العامة، 44 (1)، 63-134، الرياض، المملكة العربية السعودية.

- توماسيللو، ميشيل (2006). الثقافة والمعرفة البشرية، ترجمة شوقي جلال، الكويت، سلسلة عالم المعرفة، كتاب رقم 328.

- درة، عبد الباري إبراهيم.(2004). المنظمة الساعية للتعلم، رسالة المعلم، (43) 2، 60-63، عمان، الأردن.

- دواني، كمال سليم. (2003). الإشراف التربوي : مفاهيم وأفاق، عمان: نشر بدعم من الجامعة الأردنية، الطبعة الأولى.

- سويدان، طارق .(2002). المنظمة المتعلمة: كيف يتعلم الإنسان؟ وكيف تتعلم المنظمات؟ بيروت: دار ابن حزم.

- الصالح, بدر بن عبد الله. (2002). التقنية ومدرسة المستقبل:خرافات وحقائق, ورقة عمل مقدمة إلى ندوة مدرسة المستقبل. جامعة الملك سعود.

- الصيداوي, أحمد.(2005). الإصلاح التربوي بين المفهوم والتنفيذ, فصل في كتاب: إصلاح التعليم العام في البلدان العربية, تحرير عدنان الأمين, الطبعة الأولى, مكتب اليونسكو الإقليمي للتربية في الدول العربية, والهيئة اللبنانية للعلوم التربوية, والجمعية الكويتية لتقدم الطفولة العربية, بيروت.

- عبابنة, صالح احمد أمين (2007). المدرسة الأردنية كمنظمة متعلمة :الواقع والتطلعات. أطروحة دكتوراه غير منشورة, الجامعة الأردنية, عمان, الأردن.

- عبابنة, صالح احمد أمين والطويل, هاني عبدالرحمن(2009). درجة ممارسة العاملين في مدارس وزارة التربية والتعليم في الأردن لضوابط المنظمة المتعلمة حسب إطار سينجي:أنموذج مقترح, بحث مقبول للنشر, مجلة دراسات, الجامعة الأردنية.

- العبد الكريم, راشد. (2003): مدرسة المستقبل: تحولات رئيسية.ندوة مدرسة المستقبل, جامعة الملك سعود.

- العدلوني, محمد أكرم. (2000). مدرسة المستقبل, الدليل العملي, ورقة عمل مقدمة إلى ندوة "المعالم الأساسية للمؤسسة المدرسية في القرن الحادي والعشرين" الدوحة, قطر.

- عثمان, ممدوح عبد الهادي. (2002). التكنولوجيا ومدرسة المستقبل" الواقع والمأمول "، ورقة عمل مقدمة إلى ندوة مدرسة المستقبل. جامعة الملك سعود.

- عطاري، عارف توفيق وعيسان، صالحة عبد الله .(2003). المدرسة المتعلمة بوصفها أحد بدائل التعلم الحديثة، ندوة أنماط التعليم الحديثة، جامعة السلطان قابوس واتحاد الجامعات العربية.

- علي، نبيل وحجازي، نادية. (2005). الفجوة الرقمية: رؤية عربية لمجتمع المعرفة.الكويت, سلسلة عالم المعرفة، كتاب رقم 318.

- علي, نبيل.(2001).الثقافة العربية وعصر المعلومات. الكويت, سلسلة عالم المعرفة, كتاب رقم 265.

- عماد الدين، منى مؤتمن.(2004). دور النظام التربوي الأردني في التقدم نحو الاقتصاد المعرفي، رسالة المعلم، العدد 43 (1)،12-21 ، عمان، الأردن.

- قطامي، يوسف.(2005). علم النفس التربوي والتفكير، الطبعة الأولى، عمان: دار حنين للنشر والتوزيع.

- مساد، محمود، وآخرون .(1999). المدرسة الأردنية وتحديات القرن الحادي والعشرين، عمان: مؤسسة عبد الحميد شومان، وبيروت :المؤسسة العربية للدراسات والنشر.

- مكتب التربية بدول الخليج العربي. (2000). مشروع مدرسة المستقبل.

- المنظمة العربية للتربية والثقافة والعلوم. (2000). المؤتمر الثاني لوزراء التربية والتعليم والمعارف العرب ، دمشق.

- المنظمة العربية للتربية والثقافة والعلوم. (2002). المؤتمر الثالث لوزراء التربية والتعليم والمعارف العرب، الجزائر.

- منظمة الأمم المتحدة للتربية والثقافة والعلوم (اليونسكو).(1996). التعلم ذلك الكنز المكنون. تقرير قدمته اللجنة الدولية المعنية بالتربية للقرن الحادي والعشرين.

- وزارة التربية والتعليم .(2002). نحو رؤية مستقبلية للنظام التربوي في الأردن، منتدى التعليم في أردن المستقبل، عمان، الأردن.

- وزارة التعليم العالي السعودية .(2002). مشروع تنمية قدرات أعضاء هيئة التدريس والقيادات ، متوفر على الموقع الالكتروني:

http://www.fldp.org/matrix%20-thirdcycle/P1/skils..doc

- هيجان، عبد الرحمن. (1998). التعلم المنظمي: مدخلاً لبناء المنظمات القابلة للتعلم. مجلة الإدارة العامة، 37 (4)، 675- 712، الرياض ،المملكة العربية السعودية.

- النووي، يحيى بن شرف(د.ت). رياض الصالحين، بيروت: دار الفكر للطباعة والنشر والتوزيع.

ثانياً:المراجع الأجنبية

- A -

- Agaoglu, E. (2006). The Reflection of the Learning Organization Concept to School of Education (Electronic Version). Turkish Online Journal of Distance Education, 7(1).

- Argyris, C. and Schon, D.A. (1978). Organizational Learning: A Theory of Action Perspective, London: Addison-Wesley.

- B -

- Brandt, R. (2003). Is This School a Learning Organization? 10 ways to tell (Electronic Version). Journal of staff Development, (24) 1, Illinois State Board of Education, USA..

- Brunner, I. Davidson, and B.Mitchell, P. (1997). Celerated Schools as Learning Organization: Cases from the University of New Orleans Accelerated Schools Network. A Paper presented at the annual meeting of the American Educational Research Association (Chicago, March 24-28).

- Bryk, A., Camburn, E. and Louis, K. (1999). Professional community in Chicago elementary schools: facilitating factors and organizational consequences, Educational Administration Quarterly, 35, 751– 781.

- Butcher, G., Crispen, P., Epinal, d., and Griffen, C. (2001). The School as Learning Organization .Knowledge Management. EDC, 634, Pepperdine University. Available at web site:

- C -

- Cibulka, J., Coursey, S., Nakayama, M.Price, J.Stewart, S. (2000). Schools as Learning Organizations: A Review of the literature. National Partnership for Excellence and Accountability in Teaching, Washington, DC.

- Coe, M. A. (1998). Learning Organizations and the Innovative/ Effective Middle School. DAI-A 58/12, p. 4538.

- Coppieters, P. (2005). Turning Schools into learning Organizations (Electronic Version). European Journal of Teacher Education, 28(2), 129–139.

- D -

- Davies, B., Ellison, L. (2001). Organizational Learning: Building the Future of a School, International Journal of Educational Management, 15(2), 78-85, Bradford, UK.

- Dufour, R.P. (1997). The School as a Learning Organization: Recommendations for School Improvement (Electronic Version). NASSP Bulltin, 81(588) n, 81-87.

- E -

- Endlik, N. (2001). An Investigation of the Nexus between Strategic Planning and Organizational Learning. Unpublished Doctoral Dissertation at Virginia Polytechnic Institute and State University, Virginia USA.

- F -

- Folkman, D. (2004).Facilitating Organizational Learning and Transformation within a Public School Setting. Paper presented at the Midwest Research –to- Practice Conference in Adult, Continuing and Community Education, Indiana University, Indianapolis.

- Foil, M. and Lyles, M. (1985).Organizational Learning, Academy of Management Review, 10(4), Birmingham, USA.

- Fullan, M. (1995). The School as Learning Organization: Distant dreams (Electronic Version). Theory into Practice, 34(4). 230 – 235, The Ohio State University, USA.

- G -

- Garvin, D. (1993). Building Learning Organizations (Electronic Version). Harvard Business Review, 71 (4), pp78–91.

- Giesecke, J., Mcneil, B. (2004). Transitioning to the Learning Organization (Electronic Version). LIBRARY TRENDS. 53(1) pp54–67.

- Government of Alberta (2006). Empowering Potential for Learning. Canada. Available at website:

  http://www.edc.gov.ab.ca/k_12/

- Gunter, H. (1996). Appraisal and the School as a Learning Organization (Electronic Version). School Organization, 16(1).

- H -

- Hayes, D., Christie, P., Mills, M. and Lingard, B. (2004). Productive leaders and productive leadership in Schools as learning organizations. Journal of Educational Administration, 42 (5), pp520-538.

- Harris, M. and Tassel, F.(2003).The Professional Development School as Learning Organization, Paper presented at the 28 th Annual Conference of the Association for Teacher Education in Europe, Malta, August, 2003.

- Hass, J.C. (2005). A Case Study of the Actions Taken by a School District in Planning and Implementing a Strategy to Establish School-Based Professional Learning Communities. Unpublished Doctoral Dissertation. University of Maryland, U.S.A

- Hord, S. (1986). A Synthesis of Research on Organizational Collaboration, Educational Leadership, 43, 22-26, Baltimore, USA.

- I -

- Imants, J. (2003).Two Basic Mechanisms for Organizational Learning in Schools (Electronic Version).European Journal of Teacher Education, 26(3) 293-311.

- J -

- Jimenez, B. (2004). Organizational Climate and Organizational Learning in Schools.DAI-A 65(3).

- L -

- Lashway, L. (1998). Creating a Learning Organization, Eric publication ED420897.

- Leithwood, K. and Louis, K. (1998). Organizational Learning in Schools: An Introduction, in: K. Leithwood and K. Louis (Eds) Organizational Learning in Schools (Lisse, Swets and Zeitlinger), Netherlands.

- Lorinczi, J. (2004). Organizational Learning: A Holistic Approach. Unpublished thesis, Royal Roads University. Canada

- M -

- Mulford, W. Silins, H. Leithwood, K. (2005). Educational Leadership for Organizational Learning and Improved Student Outcomes. Book Review by N.g., C. Journal of Educational Administration.43 (3), 330-332.

- O -

- Ortenblad, A. (2002). A Typology of the Idea of Learning Organization (Electronic Version). Management Learning.33, 213-230.

- P -

- Pang, K.N. (2003). Transforming Schools into Learning Organizations. The Hong Kong Institute of Educational Research and the Chinese University Press. Available at websites:

  http://qcrc.qef.org.hk/proposal/2003/2003-0755/2003-0755-P01-36726. pdf

  http://www.fed.cuhk.edu.hk/sdet/exp_share/qef/projectintro.pdf.

- Pang, K.N. (2005).Transforming Schools into Learning Organizations: Operationalization of Peter Senge's Framework. The Fifth International Conference on Knowledge, Culture and Change in Organizations, Greece, 19-22 July 2005.

- Pedler, M., Burgoyne, J., and Boydell, T. (1991).The learning company: A Strategy for sustainable development .New York: McGraw-Hill.

- S -

- Scribner, J., Sunday Cockrell, K., Cockrell, D. and Valentine, J. (1999). Creating Professional Communities in Schools through Organizational Learning: an evaluation of a school improvement process, Educational Administration Quarterly, 35, 130–160.

- Senge, P.M. (1990). The Fifth Discipline: The Art and Practice of the Learning Organization. Sydney: Random House.

- Senge, P.M. (1994). The Fifth Discipline Field Book: Strategies and Tools for Building a Learning Organization. New York, Doubleday.

- Senge, P.M. (1996). Rethinking Leadership in the Learning Organization (Electronic Version). The Systems Thinker, 7(1)

- Senge, P., Cambron-McCabe, N., Lucas, T., Smith, B., Dutton, J., and Kleiner, A. (2000). Schools That Learn. New York, Doubleday.

- Sharman, C. (2005).Leadership and the learning organization. State University of New York Empire State College. AAT 1426664.

- Smith, M.K. (2003). Peter Senge and the Learning Organization. E-Journal of Organizational Learning and Leadership, 2(1).

- Silins, H., Zarins, S., Mulford, B. (2002). What Characteristics and Processes Define A School as A Learning Organization? Is This a Useful Concept to Apply to Schools? (Electronic Version). International Education Journal, 3(1), South Australia.

- Silins, H., Mulford, B. (2002).Schools as learning organizations: The case for system, teacher and student learning, Journal of Educational Administration, 40(5), 425-446.

- Sparks, D. (2002).Why Change Is So Challenging for Schools: An Interview With Peter Senge (Electronic Version). Journal of Stuff Development, 22(3), USA.

- Suwannachin, C.(2003).Planning for a learning organization in a private vocational school in Thailand. DAI-A 63/09, p.3079.

- T -

- Taylor, J. L. (2000). The Effect of Peter Senge's Learning Organization Framework and Shared Leadership on A Stuff Development Model. DAI-A 60/07, p.2318.

- U -

- Underhill A. (2004) .The Learning School: a school culture in which the entire staff is encouraged to engage in personal and professional learning which feeds organizational transformation, and vice versa (Electronic Version). ETAS Journal, 21(2).

- W -

- Wilkins, R. (2002). Schools As Organizations: Some Contemporary Issues (Electronic Version). International Journal of Educational Management, 16(3)120-125.

- Wonacott, M. E. (2000). The Learning Organization: Theory and Practice. Myths and Realities. ERIC Digest, No. 12. 2000.

- Y -

- Yang, B., Watkins, K., Marsick, V. (2004). The Construct of the Learning Organization: Dimensions, Measurement, and Validation (Electronic Version). Human Resource Development Quarterly, 15(1), San Francisco, CA, USA.

- Z -

- Zederayko, G. E. (2000).Variables In Schools Becoming Learning Organizations. DAI-A 61/04, 1251.